Servizo de Publicacións
Universidade Vigo

Miscelánea

Serie de textos misceláneos

Edición
Universidade de Vigo
Servizo de Publicacións
Rúa de Leonardo da Vinci, s/n
36310 Vigo

Deseño gráfico
Julinda Molares Cardoso e Tania Sueiro Graña
Área de Imaxe
Vicerreitoría de Comunicación e Relacións Institucionais

Imaxe da portada
Adobe stock

Maquetación e impresión
Tórculo Comunicación Gráfica, S. A.

ISBN
978-84-1188-055-8

Depósito legal
VG 172-2025

Ao ser esta editorial membro da une, garántense a difusión e a comercialización das súas publicación no ámbito nacional e internacional.

Servizo de Publicacións
Universidade de Vigo

La forma que reconstruye

Sociología de los espacios fílmicos de Madrid (1958-2021)

Autora

Eva Blanco Alonso

A Miguel, por recorrer todas las ciudades conmigo

A Emilio, por imaginar incansablemente cómo mejorarlas

A los profesores y al cine, por inspirarme desde que tengo uso de razón

Y a mis padres por todo lo demás

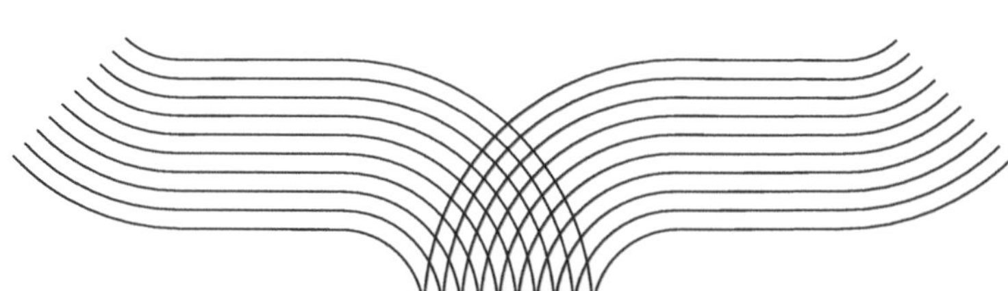

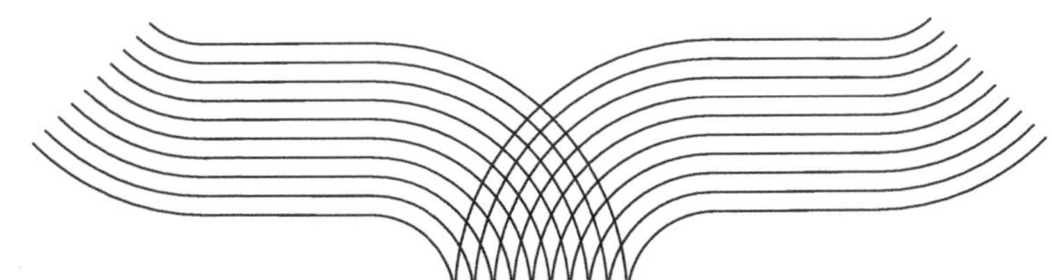

El cine es el mejor espejo para las ciudades del siglo XX y para las personas que viven en ellas. Las películas son, más que cualquier otro arte, documento histórico de nuestro tiempo. El séptimo arte es capaz, como ningún otro, de captar la esencia de las cosas, capturar el clima y las corrientes de su tiempo y articular sus esperanzas, miedos y deseos en un lenguaje comprensible para todos.

(Wenders, 2005)

Capítulo 01
Introducción

La creación audiovisual está rodeada de una realidad social externa que impregna las obras, relacionándolas con su referente de forma más o menos directa (dependiendo de si se trata de una práctica documental o de las diversas narrativas de ficción, por ejemplo). Uno de los métodos para comprobar su cercanía con el referente es el que aquí se propone: incorporar al análisis audiovisual las lógicas, elementos y símbolos de los estudios sociológicos.

Esta búsqueda de un conocimiento interdisciplinar también está directamente relacionada con la coyuntura del pensamiento posmoderno lyotardiano, según el cual la inestabilidad socioeconómica no solo afectaría al hecho cultural sino a los propios estudios académicos. En este ambiente de incertidumbre nos situamos - investigadores y creadores del audiovisual- ante un panorama crítico para las verdades universales y las teorías unívocas que vienen dictando la enseñanza académica en muchos campos tanto humanísticos como de las ciencias sociales.

Es por ello que muchos autores optan por actualizar tanto la creación cultural como el conocimiento académico, disolviendo las teorías tradicionales y buscando nuevos caminos que enriquezcan las prácticas culturales. De esta forma, la cultura se sobrepone a los eventos desestabilizadores propios de nuestra era. Entre tales fenómenos se podría ubicar, por ejemplo, la inmediatez de las inteligencias artificiales que ya pueden buscar, condensar y enunciar teorías enteras de cualquier campo académico pero que, de momento, no han desarrollado el espíritu crítico de muchas investigaciones contemporáneas.

En definitiva, la presente investigación busca abrir un cauce transdisciplinar con el que analizar un corpus fílmico en base a criterios cualitativos mixtos. Dichos criterios tienen como base, por un lado, el análisis audiovisual y, por otro, las principales teorías de la sociología urbana que entroncan directamente con el conocimiento de fenómenos sociales.

En la historia de la sociología, se han usado diversos vehículos para acercarse a la realidad social, pero ninguno tan contemporáneo y eficiente como el estudio de las relaciones humanas dentro de los territorios físicos más intensos y más reconocibles: las grandes ciudades. La sociología urbana constituye un corpus teórico a través del que podemos conocer la evolución social urbana gracias a los estudios de diferentes autores a lo largo de las décadas. Por su parte, el cine de ficción, compone otro crisol para autores y sociedad en cuanto a sus aportaciones al imaginario colectivo, una predisposición que da pie a abrir su análisis hacia las relaciones de estos objetos culturales con la realidad social.

Se trata, entonces, de una mirada sociológica a los espacios y usos sociales de la ciudad en el cine de ficción español. La investigación parte desde el cine de los años 50 (1958) hasta nuestros días (2021) con la doble finalidad de evidenciar, por una lado, los cambios en la representación fílmica del fenómeno urbano y de sus actores sociales y, por otro, su evolución acorde con las teorías sociológicas de su tiempo.

(Lo que en su momento se llamó) metrópolis

> Cualquier investigación acerca del significado interno de la vida moderna y sus productos o, dicho sea en otras palabras, acerca del alma de la cultura, debe buscar **resolver la ecuación que estructuras como las metrópolis establecen entre los contenidos individuales y supraindividuales de la vida.** (Simmel, 2005[1903])

Para comenzar a hablar del fenómeno urbano en Occidente hace falta remontarse, como mínimo, a la Antigua Grecia. Un periodo donde las *metrópolis* eran las ciudades *madre* (gr. *métér, méteros: madre*) de las que emanaban todos los asentamientos sociales colindantes. En estas urbes se reunía la actividad política, comercial y cultural y a ellas se supeditaban los nuevos territorios adheridos entre los siglos VIII y VI a.C.. El siguiente hito de la historia urbana se dio en torno al siglo XII tras la Córdoba califal, con la aparición de una nueva clase social, la burguesía que reunía gran parte de la riqueza acumulada en las actividades comerciales y contenida en los *burgos*.

A partir del siglo XIX, la revolución del modelo de producción industrial y el imparable aumento de la población provocaron los primeros estallidos dentro de los núcleos urbanos creados y mimados por la burguesía mercantilista. Un movimiento centrífugo que dispersó y expandio los nuevos barrios industriales y postindustriales, muchos de ellos levantados desde cero en torno a los centros urbanos. Del matriarcado (*mater* + *arkhes*: mandar, ser primero) de las metrópolis se pasó a distritos *huérfanos*, aislados por fenómenos que se perpetúan hasta nuestros días como la *zonificación* o la más reciente gentrificación y turistificación de los núcleos urbanos.

La evolución de las ciudades es un fenómeno continuo y paralelo a los grandes hitos que marcan los estudios historiográficos. Sin embargo, su doble condición como elemento inductor y resultante de los cambios sociales más relevantes, hace que los estudios urbanos sean especialmente relevantes para entender el desarrollo de las sociedades.

Pero, a la hora de analizar dicha evolución urbana ¿cómo conocemos las costumbres sociales y culturales predominantes? Más allá de los registros historiográficos escritos, es gracias al mármol esculpido por lo que conocemos división social y la mitología de las urbes helénicas; son las ruinas pétreas y las representaciones pictóricas de las ciudades medievales por lo que comprendemos los primeros efectos del protocapitalismo. Entonces, atendiendo a esta consideración de la creación cultural como fuente vertebradora de la historia social, la pregunta que inicia esta investigación es la siguiente: una vez superada la hegemonía del mármol y del pincel, ¿qué conoceremos en el futuro de las ciudades del siglo XX y XXI?

La hipótesis de partida que aquí se plantea es que será la mitología contemporánea -en su forma audiovisual- lo que servirá de documento cultural y social de nuestro tiempo. Cincelada en el químico fotográfico y posteriormente digitalizada, la luz se abrió paso en las cámaras oscuras que han ido proyectando, cada vez de forma más nítida, siluetas humanas y urbanas.

El cine, hijo de su tiempo

> Amigo mío, el pasado es para nosotros un libro de siete sellos.
>
> Eso que llamas espíritu de los tiempos no es más que el
>
> espíritu de las personas en las que los tiempos se reflejan.
>
> Y con frecuencia no es más que una miseria.
>
> (Goethe, 2002 [1808])

Paralelamente a la incorporación de las primeras máquinas de vapor en la industria, el romanticismo impregna la Europa Occidental del siglo XIX. Los cambios en el modelo de producción provocan grandes movimientos demográficos hacia unas ciudades fragmentadas, más que nunca, según las primeras clases sociales económicas. En este contexto, la cultura estalla en reflexiones sobre la expresión de la subjetividad frente a la racionalidad del Neoclasicismo. Hegel, en su *Fenomenología del espíritu* plantea una relación del individuo con su entorno basada en las pulsiones individuales conscientes e inconscientes que cogen forma en la expresión artística. Con esto, comenzamos a rastrear el segundo objeto que nos ocupa: el arte cinematográfico, hijo de un tiempo convulso en el que, antes de servir como expresión artística, dio sus primeros pasos como experimento industrial de dos ingenieros franceses.

Una vez evidenciado el contexto histórico y filosófico de la época, no parece casualidad que las primeras filmaciones del cinematógrafo de los hermanos Lumière se centrasen en los avances socioeconómicos; ya fuera mediante la representación de la nueva clase trabajadora o de las grandes máquinas de vapor de la época. Para acercar todavía más esta relación a la presente investigación, nos trasladamos no muy lejos de allí, a la ciudad de Madrid, tan solo cinco meses después de la famosa proyección de París. En la feria de San Isidro de 1896, el operador de cámara Alexandre Promio, ofreció una muestra del cinematógrafo de los hermanos Lumière. Con este mismo equipo adquirido en Francia, el zaragozano Eduardo Jimeno rodó lo que se considera la primera filmación del cine español. No obstante, y he aquí la cuestión diferenciadora: en la España del *turnismo* y la regencia de María Cristina de Borbón, el desarrollo industrial fue mucho más tardío que en el resto de Europa, y este atraso socioeconómico se evidenció en las primeras filmaciones. En los inicios del cine español no se registró la actividad industrial ni las grandes masas trabajadoras, sino otras escenas cotidianas más representativas de la época. Eduardo Jimeno filmó la *Salida de misa de las 12 del Pilar de Zaragoza* (Jimeno, 1897), una película de apenas 651 fotogramas a la que siguieron varias filmaciones de escenas litúrgicas. Una de ellas, la *Salida de la Iglesia de Santa María de Sants* (Gelabert, 1897), fue realizada por el barcelonés Fructuoso Gelabert con un cinematógrafo de invención propia, con el que también rodó *Riña en un Café* (Gelabert, 1899).

Esta vocación de registrar la realidad que contagiaban los primeros cinematógrafos sería el germen de la creación cinematográfica. Si bien las prácticas del *protocine* eran más cercanas a lo que luego sería el cine documental, otras representaciones audiovisuales ficcionadas también estaban imbuidas de este espíritu de los tiempos. El cine, de ficción o no ficción, se asentó como *séptimo arte* a principios del siglo XX y consiguió *rematriar* las representaciones de las metrópolis, sirviendo como registro de fenómenos sociales y culturales.

La forma que reconstruye

> El cine se ha convertido en una forma de arquitectura en sí misma, si por ello entendemos la roturación y construcción de un lugar. Se ha ido elaborando así un catálogo visual proveniente de las propuestas fílmicas que han conformado un imaginario urbano correspondiente al interregno producido entre la modernidad y la posmodernidad. (Grávalos, 2020)

Entonces, quizá sea el celuloide el mármol del siglo XX. Un artefacto que, desde sus orígenes, ha materializado el espíritu de los tiempos en imágenes en movimiento. Por lo tanto, se puede hablar del cine y la ciudad como creaciones sociales y, como tal, realizar un análisis conjunto de ambos fenómenos desde las ciencias sociales y la historiografía, sin dejar de lado las particularidades de cada uno. Con esta reflexión no sólo se trata de evidenciar la relevancia del contexto social que impregna, con mayor o menor calado, la forma narrativa; sino de comprobar la relevancia de aspectos puramente sociales como el fenómeno urbano en obras que se construyeron en un entorno concreto el cual da vida a sus historias y a sus personajes.

El objetivo de esta investigación es, por lo tanto, **analizar el valor simbólico del cine de ficción como documento histórico a través de la representación y reproducción de fenómenos sociales sincrónicos al contexto en que se realiza dicha obra.** Un estudio basado en la catalogación y análisis de contenidos cinematográficos en base a nociones del análisis sociológico de espacios y relaciones sociales.

Además, precisamente por ser un estudio basado en probar la aplicación de teorías de las ciencias sociales para el análisis fílmico, tiene por objetivo atender a perspectivas académicas transdisciplinares en cuanto al estudio teórico cinematográfico. Una perspectiva híbrida que se inscribe en teorías como la del autor Jean Mitry, que en su *Estética y psicología del cine* (1963) defiende el valor formativo de la creación audiovisual. Así, el estudio de la recreación de la realidad social en el cine supone un amplio campo de investigación, por lo que, a continuación, se recogen las dimensiones específicas que se contemplan en la presente investigación.

Análisis de la evolución histórica, de la creación cinematográfica y de la sociología

En primer lugar, en lo que respecta a la cronología del análisis, se opta por abarcar un periodo extenso en el tiempo con el objetivo de estudiar una evolución entre diferentes etapas histórico-sociales. De esta forma, se busca ese conocimiento panorámico sobre la realidad social y la realidad audiovisual, que, como todo proceso, deriva de una cronología necesaria para comprender sus eventos concretos. Además, cada etapa plantea unas cuestiones intrínsecas por lo que el análisis simultáneo y/o comparativo extendido en el tiempo supone un enfoque metodológico fundamental para esta investigación.

Análisis del cine español

En primera instancia se planteó un análisis dentro del contexto europeo por la cercanía con los recursos teóricos y fílmicos. Finalmente y siguiendo ese mismo criterio, se redujo la acotación geográfica a España, por la intensidad de su historia social, urbana y cinematográfica, que presenta objetos de estudio complejos y polifacéticos. Del mismo modo y por la diversidad regional que presenta la cultura española, se centra el análisis en un único núcleo cultural, urbano y audiovisual: la ciudad de Madrid, por concentrar gran parte de la industria audiovisual nacional y por ser uno de los espacios urbanos peninsulares más prolijamente filmados (Camarero, 2013).

Análisis de hábitats y habitantes

De igual manera, el análisis de contenidos se centra en aquellos elementos fílmicos concretos que denotan un valor documental subyacente y que se correspondan con conceptos que hayan sido analizados por la sociología. Es el caso del fenómeno urbano y el desarrollo personal e interpersonal de los ciudadanos. Unas dimensiones que se remontan al origen de las ciudades pero que cobran especial relevancia en la actualidad por la repetida problemática que trae consigo la habitabilidad de las urbes contemporáneas.

Análisis de realidades sociales

Además, esta investigación plantea un acercamiento cualitativo a las realidades sociales más allá de los estudios sociales cuantitativos que advierten de fenómenos demográficos sin atender a la dimensión cultural.

Una vez enunciadas sus dimensiones específicas, se puede concretar que el presente estudio se centrará en: **el análisis de espacios y personajes en la obra de ficción producida a nivel nacional y localizada en una única ciudad. Atendiendo a diferentes etapas de inestabilidad socioeconómica de la segunda mitad del siglo XX hasta la actualidad.**

Metodología

A la hora de desarrollar el análisis metodológico, se continúan considerando estas limitaciones y se propone la implementación de un análisis transdisciplinar. Dicho enfoque híbrido toma como base las ideas de estratificación y descripción estudiadas por Casetti y Di Chio (1990) para estructurar un análisis de los elementos fílmicos en base a conceptos y teorías de la sociología. Por lo tanto, la metodología a seguir parte de una revisión de fuentes bibliográficas y demás fuentes secundarias que se integran en un análisis del discurso fílmico basado en las teorías que se desarrollarán en el marco teórico.

Este enfoque implica un encuentro interdisciplinario que se aborda de manera equilibrada, teniendo en cuenta factores tanto internos como externos al arte cinematográfico, con la vocación de explorar conceptos que relacionen la cinematografía, la historiografía y la sociología.

Acotación temporal: tres etapas de inestabilidad social de la segunda mitad del siglo XX hasta la actualidad

Como ya se ha mencionado, una cronología extensa como la que aquí se plantea tiene que ver con el **estudio de la evolución de los discursos ficticios desde la vigencia de la dictadura, pasando por la Transición Española y hasta la actualidad.** De este modo se establecen tres etapas de análisis, que concuerdan con periodos de recesión económica y social y sus posteriores consecuencias:

1. **Años 50 y tardofranquismo**
2. **La Transición Española hasta la crisis económica de 1993**
3. **El cambio de siglo: la crisis de 2008 y la pandemia del COVID-19**

Acotación espacial: Producción nacional y localización concreta

Tomando como objeto el caso español y atendiendo a su diversidad regional: **la muestra estudiará concretamente la producción audiovisual localizada en la ciudad de Madrid** ya que representa un centro importante tanto demográfico como de producción cinematográfica, siendo el mayor foco de producción audiovisual junto con Barcelona (Gubern, 2016).

De esta forma y atendiendo a su evolución histórica, se analizarán obras filmadas en aquellas localizaciones concretas que presentaran una mayor actividad social. Bajo este criterio, la muestra sigue el movimiento centrífugo de la población madrileña:

En la primera etapa se atiende por una parte a los **barrios céntricos**, en los que todavía encontraban su lugar las clases trabajadoras, y por otra a las zonas residenciales que conformaron los **primeros barrios del extrarradio**.

En la década de los 80, avanza la construcción urbana tanto en el centro como en esos **barrios periféricos**, que concentraban cada vez más densidad de población, especialmente, al Este y al Sur de la capital.

Finalmente, el foco del análisis permanece en los **límites del área metropolitana** para dar cuenta de su evolución y de un crecimiento demográfico aún en alza.

Acotación del análisis del discurso fílmico

> El cine tiene la capacidad de recoger todas estas proyecciones imaginarias y de transformarlas en historias [...] la función del analista es atar cabos, encontrar hilos conductores, invariantes capaces de establecer conexiones no siempre visibles a primera vista, detectar formulaciones

implícitas, desentrañar lo dicho de lo no dicho, reconstruir un metatexto susceptible de ofrecer una lectura. (Imbert, 2010)

Otra dimensión metodológica que afecta directamente al objeto de estudio es el interés por el cine de ficción. La exclusión de las prácticas documentales, entronca con el objetivo específico de indagar en aquellos símbolos culturales que acaban formando parte del registro histórico de forma subyacente.

En este caso, esos elementos simbólicos tienen que ver con la construcción y uso de los espacios urbanos, analizada en los espacios fílmicos representados, y con las relaciones interpersonales, analizada en los personajes principales.

Análisis de espacios fílmicos

En cuanto a la clasificación de espacios, la sociología urbana ha llegado a conclusiones que tienen en común la relevancia del habitante en cuanto a cómo percibe, cómo utiliza o incluso como construye el espacio ya sea urbano, rural, público o privado.

No obstante y de un modo más universal, si rastreamos el origen de esa preocupación por el espacio urbano topamos con teóricos como Henri Lefebvre, que no solo advirtió la relevancia de estos espacios sino que dedicó la práctica totalidad de su obra a intentar elaborar una metodología de análisis de los espacios. Partiendo de unas primeras teorizaciones en *El derecho a la ciudad*, Lefebvre enuncia con detalle en La producción del espacio, la clasificación que será el eje del análisis que se plantea en la investigación. En la que se considera su *magnum opus*, el autor parte de la hipótesis de que "cada sociedad produce su propio espacio" (Lefebvre, 1969 p. 40) y plantea una tipología de la que extraemos los denominados espacios históricos y absolutos.

Estos espacios contienen las relaciones sociales básicas que el autor resume en la **reproducción de la fuerza de trabajo** y la **reproducción de las relaciones sociales,** ya que incluye la producción material y social de las necesidades de la vida cotidiana. Una concepción que, como su propio nombre indica, le corresponde a cada persona que utiliza ese espacio y lo percibe en base a esas relaciones cotidianas. Además de su uso, Lefebvre plantea una clasificación del espacio producido y percibido, en base a su valor histórico, simbólico y racional.

El espacio histórico

Se trata de un concepto que hace referencia a ese poso de la realidad urbana que ya se ha mencionado anteriormente. Desde la configuración urbana de las avenidas y las viviendas, hasta las lógicas culturales y económicas que delimitan las acciones humanas, todo espacio urbano tiene un esqueleto histórico a plena vista y que sirve como soporte de todos los demás, un límite histórico material de los espacios y sus habitantes. Es un espacio que no desaparece pero que se encuentra sometido, aplastado por los avances urbanos que muchas veces ignoran su valor y lo destruyen (Lefebvre, 1974).

Espacio absoluto

Por otra parte, el *espacio absoluto* surge como oposición al espacio urbano. El autor incluye aquí a todos aquellos espacios *naturales o con una escasa actividad humana*. No solo se trata de los espacios rurales sino de aquellos que se encuentran vacíos de sus características y usos humanos, por lo que trascienden a un plano diferenciado donde aparecen otros símbolos ligados, según cada cultura, a lo espiritual ya sea en forma de ritos, valores o religiones (Lefebvre, 1974). El hecho de unir estos espacios naturales a lo abstracto, surge como oposición a lo fáctico y racional de los espacios urbanos, dando veracidad a su teoría de que el concepto en sí de espacio es un fenómeno percibido y creado por el ser humano.

Análisis de personajes

En relación con las prácticas sociales y la dependencia humanizadora de estas teorías sociales, resulta relevante realizar un análisis paralelo de los actores sociales que entran en juego en el corpus analítico, los personajes de ficción.

Más allá de su concepción en base a arquetipos heredados de la literatura y desarrollados y multiplicados en la gran pantalla, el análisis de personajes que aquí se plantea está de nuevo vinculado con las teorías sociológicas que lo analizan, en este caso, en base a sus prácticas sociales dentro del contexto urbano.

Los diferentes autores que plantearon estas teorías a lo largo del siglo XX y a principios del siglo XXI lo hicieron explícitamente condicionados por su contexto urbano. Es por ello que, después de una revisión bibliográfica, se aplicarán conceptos de diferentes autores de acuerdo con la época que se esté analizando. De esta manera se introducirán como base los siguientes autores y teorías en cada periodo:

1. *La metrópolis y la vida social* (**Simmel, 2005 [1903]**) para analizar las actitudes urbanas y sus contrastes en la primera mitad del siglo XX cuando muchos habitantes del rural emigraron a las ciudades.
2. *Los usos del desorden* **(Sennet,1970)** para comprender la inestabilidad social y personal de las décadas posteriores a la Segunda Guerra Mundial. Un periodo donde se estudian las brechas generacionales y las crisis de identidad entre las nuevas generaciones.

3. *La ciudad global* **(Sassen,1991) y** *Expulsiones* **(Sassen,2015)** para concluir este devenir social y encuadrarlo en un periodo de mayor inestabilidad y fuertes conductas polarizadas en la sociedad y, de nuevo, en sus consecuencias en las nuevas generaciones y de cara al futuro.
4. La cantidad de textos académicos sobre sociología y sociología urbana constituyen una fuente secundaria sólida que permitirá acercarse a las obras de una manera científica, comprobando, como si de un laboratorio se tratase, que los componentes de cada una de estas piezas audiovisuales sirven como muestra de la realidad sociológica y urbana en la que se encuadran.

Acotación del corpus fílmico a analizar

En base a las anteriores acotaciones, se establece un corpus fílmico que se encuadre tanto cronológica como teóricamente en las dimensiones que se pretende analizar.

Atendiendo a la concreta situación geográfica y demográfica, se han seleccionado obras de autores relevantes en el panorama audiovisual español, bajo criterios de relevancia tanto crítica como popular ya que a veces éstas no se han mostrado compatibles. Además, la elección de las obras en las dos primeras etapas atiende a unos criterios de similitud y relevancia temática entre ellas. Una evolución de subgéneros más que de autores que desemboca en un cine actual mucho más denso y diverso, del cual se selecciona una obra aislada por su relevancia temática pero también formal y abierta, como ya veremos. El corpus analítico está formado, por lo tanto, por cinco obras:

1ª etapa:

Comedia negra de Rafael Azcona: *El pisito,* 1958

Comedia desarrollista de Alfonso Paso: *No somos ni Romea ni Julieta,* 1969

2ª etapa:

Cine de denuncia social de Eloy de la Iglesia: *Colegas,* 1982

y la inmersión en esta temática de Carlos Saura: *Deprisa, deprisa,* 1981

3ª etapa

El Nuevo Cine Español de Jonás Trueba: *Quién lo impide,* 2021

Hipótesis

La hipótesis de partida de esta investigación es el estudio **del arte cinematográfico como artefacto de recreación de la realidad social** y que, por lo tanto, puede analizarse en base a lógicas de las ciencias sociales. Paralelamente a esta premisa, se encuentra la hipotética **justificación del cine de ficción como documento histórico contemporáneo por esa misma cercanía con teorías sociales que se representan en la narrativa de ficción.** A estas afirmaciones probatorias le siguen aquellas referentes a los símbolos específicos a analizar: espacios y personajes. La representación cinematográfica de estos elementos se espera que siga la lógica de diferentes teorías sociológicas. De esta manera, para estudiar la congruencia esperada entre ficción y realidad, estos elementos cuentan con sus propias hipótesis:

- El espacio urbano es una construcción social en constante cambio creada como consecuencia de quién y cómo se ocupa. Por lo tanto, **en la ficción cinematográfica, la elección de los escenarios urbanos en las narrativas realistas tendrá una vocación documental ligada al contexto urbano en que se ubique.**
- Además, **se puede establecer una división del espacio urbano en función de sus usos sociales de acuerdo con teorías de la sociología urbana. Por lo que en las representaciones fílmicas esta división no solo será efectiva sino que pondrá de manifiesto las características de cada espacio.**
- Por otra parte, **dichos espacios fílmicos extraídos de la realidad social afectarían en el desarrollo psicológico de los personajes principales** de igual manera que, según sostienen algunas teorías sociológicas, ocurre en la realidad urbana con sus habitantes.

Capítulo 02
Marco Teórico de la ciudad y la creación audiovisual

2.1 El análisis sociológico urbano

> Es cada vez más evidente que la ampliación de la dimensión urbana de la sociedad significa transformación de los valores, de los comportamientos, de la estructura social más que transformación de la economía. Y, sobre todo, es evidente que este desarrollo de la sociedad en la ciudad comporta un inevitable proceso de disolución de la propia ciudad como forma de organización social y política y anticipa una crisis de más amplias proporciones y de éxitos inciertos (Bettin, 1968).

Los sociólogos de la ciudad

El germen de los estudios teóricos que nos ocupan se encuentra, de nuevo, en el convulso siglo XIX, momento en que proliferaban las investigaciones sobre los cambios derivados de las revoluciones sociales e industriales. Por aquel entonces, Auguste Comte acuñó el término *sociología* en su obra *Curso de filosofía positiva* de 1835. No obstante, previamente a su consolidación como campo de estudio, algunos de los más grandes pensadores del humanismo ya habían detectado, en la actividad urbana, una fuente clave para estudiar el desarrollo del comportamiento humano.

Para hablar de los orígenes de la sociología como disciplina académica, hace falta echar la vista a los Estados Unidos, donde en 1892 el investigador Albion Small fundó el primer departamento de Sociología en la Universidad de Chicago. Fue en esa misma universidad donde un grupo de investigadores, entre los que destaca la figura de Robert Ezra Park, llevaron a cabo un primer proyecto de investigación empírica sobre la ciudad. Así surge, en 1916, *The City: Suggestions for the Investigation of Human in the Urban Environment*, el primero de una serie de ensayos e investigaciones sobre la ciudad que verían la luz en la revista académica *American Journal of Sociology*. A partir de ese momento, la Escuela de Chicago centra sus estudios en la *fenomenología social típica de las grandes ciudades* (Bettin, 1968, p.61).

Algunas investigaciones como *Middletown* (1923) y *Middletown in Transition* (1929) de Hellen y Robert Lynd, sientan las bases de la preferencia por los estudios sobre comunidades concretas y segregación social que también llevaron a cabo otros autores como Louis Wirth (1938) y Harriet Martineau (1937). Estas primeras teorías ponen de manifiesto que, ya en los inicios de los estudios sociológicos, las bifurcaciones teóricas son múltiples y cada vez más numerosas. Por ello y para una mayor precisión en el diseño estratégico de la presente investigación, se tomarán como marco teórico aquellos análisis sociales de las ciudades que sean eminentemente cualitativos y cuya preocupación teórica principal gire en torno a los usos sociales de los espacios y al desarrollo personal e interpersonal dentro de las ciudades. Se trata de una rama empírica que no hace análisis de datos sino que reflexiona sobre las diferentes funciones sociales e interrelaciones que se dan en el contexto urbano desde proposiciones teóricas.

Con Georg Simmel y Henri Lefebvre como padres fundadores, se abre el camino a las reflexiones multidisciplinares sobre la condición humana en la ciudad. Un camino que, como veremos, tiende a la multidisciplinariedad y refleja la realidad social que viven los autores; ya sea esta la efervescencia cultural de la década de los 60 y 70, sobre la que reflexiona Richard Sennett, o la lacra de la crisis económica de principios del siglo XXI que describe Saskia Sassen en sus obras más recientes.

La metrópolis y la vida mental **de Georg Simmel**

A pesar de sus orígenes estadounidenses, el pensamiento urbano tiene un mayor poso histórico en el continente europeo. El propio Gianfranco Bettin, en su repaso por la historia del pensamiento urbano, afirma que "la naturaleza, los elementos constitutivos y la fuerza cultural" que constituyen a las ciudades modernas *son originalmente occidentales y europeos* (Bettin, 1968 p. 21). Tanto es así que, mientras se sentaban los pilares de esta ciencia social, el filósofo Georg Simmel ya había puesto la primera piedra en 1903 con su reflexión sobre la relación de las ciudades y la *vida mental* de la sociedad.

En *The Metropolis and Mental Life*, Simmel introduce la evolución social como resultado directo de las transformaciones económicas que se daban en las ciudades del siglo XIX. Estos cambios en la sociedad resultan en "una misma preocupación básica: el que la persona se resista a ser suprimida y destruida en su individualidad por cualquier razón social, política o tecnológica" (Simmel, 2005[1903], p.5). Como consecuencia, el sociólogo alemán achaca a este "carácter individualista de la vida psíquica" y a los "estímulos tan rápidamente cambiantes" de las metrópolis el surgimiento de un comportamiento hastiado e indiferente a la que llama "actitud blasé" (Simmel, 2005[1903], p. 6).

Esta tesis sobre el impacto de los nuevos ritmos socioeconómicos en la psique de los habitantes de las metrópolis fue la primera en manifestar el riesgo de deshumanización de las ciudades causado por la masificación de las actividades industriales y la implementación de lógicas urbanísticas ajenas a la actividad humana. Sobre esta piedra se levantaron muchas de las teorías urbanas más relevantes del siglo XX en Europa como la de Henri Lefebvre.

El Derecho a la ciudad y *La producción del espacio* de Henri Lefebvre

El filósofo francés Henri Lefebvre desarrolló su pensamiento en torno a la ciudad durante gran parte del siglo XX, lo que hace de su obra un testimonio/archivo bibliográfico fundamental para entender la evolución del fenómeno urbano europeo y, sobre todo, los efectos de éste sobre sus habitantes. En su obra son frecuentes las referencias a autores relevantes del pensamiento sociológico de la época como Lewis Mumford, Le Corbusier o Jane Jacobs cuya obra *Muerte y vida de las grandes ciudades* (1961) tuvo una gran influencia en el autor francés.

Una de sus primeras obras, *El derecho a la ciudad* (1969), constituye otro texto fundacional para la comprensión urbana desde el punto de vista social/empírico. En este ensayo, el autor hace un repaso a la historia de las ciudades más extenso que el de Simmel, acusando el tránsito hacia un *doble carácter de la* centralidad urbana como "lugar de consumo y consumo de lugar" (Lefebvre, 1969 p.78). De este modo destaca fenómenos como la "urbanización *desurbanizante* y desurbanizada", causada por la construcción de suburbios que vaciaron los centros urbanos, y denuncia unos tipos de urbanismo inhumanos: el urbanismo "de los promotores" y el urbanismo "de los administradores" (1969 pp. 18-22).

Su tesis resume la evolución urbana como un fenómeno aditivo de capas, definiendo la ciudad como una "proyección de la sociedad y sus relaciones sobre el terreno" y viceversa, el terreno como límite de dicha sociedad (1969 p. 38) Una relación de bidireccional que desarrollará en su obra *La producción del espacio* (1974), otra pieza fundamental del el puzzle teórico que propone el presente estudio.

El plan de la obra, pasa por alcanzar una "ciencia del espacio" desde su concepción como realidad social. De este modo el autor establece la hipótesis de que cada sociedad produce su espacio y pasa clasificarlo en una tríada dialéctica según este sea sea un espacio percibido, concebido o vivido. El *espacio concebido* es la primera capa técnica que comprende los mapas y planos técnicos del terreno; a este le sigue el *espacio vivido*, modificado e idealizado a través de la experiencia de los habitantes que lo perciben en forma de símbolos. Precisamente esa experiencia, esas *prácticas espaciales*, son las que el autor aúna en el *espacio percibido*, materializado en los espacios y prácticas de trabajo, de interacción social y de integración personal (Lefebvre, 1974 p.96).

A través de esta segmentación, Lefebvre da forma a un corpus teórico que permite analizar el espacio considerando como un todo los elementos físicos, mentales y sociales. Esto lo hace diferenciando entre los espacios históricos, aquellos que contienen información sobre las lógicas socioeconómicas de cada contexto, y absolutos, relativos al mundo natural y la subjetividad del individuo (1974 p. 271).

Todos estos conceptos que giran en torno a los usos del espacio invitan a poner en el centro del análisis urbano a sus habitantes, una línea teórica que perfilaron autores como Richard Sennet.

Los usos del desorden de Richard Sennett

A partir de los años setenta el debate sociológico sobre la ciudad registra un salto cualitativo, ya que empiezan a surgir grupos que plantean discusiones sobre el pasado teórico de la sociología tanto en Europa como en las escuelas estadounidenses, donde se suceden las publicaciones sobre el fenómeno urbano en revistas como el *International Journal of Urban and Regional Research* de 1977. Estas corrientes estaban fuertemente influenciadas por el funcionalismo de la *Carta de Atenas*, un manifiesto propuesto en el *Congreso Internacional de Arquitectura* de 1942 por el arquitecto Charles-Edouard Jeanneret-Gris, más conocido como Le Corbusier (Bettin, 1968).

Las aplicaciones prácticas de estas teorías o, más bien, técnicas de la urbanización desembocaron en las primeras manifestaciones de fenómenos como la *zonificación (zoning)* o la gentrificación de las ciudades. Unas nuevas pautas urbanas que se aplicaron de manera urgente sobre las ciudades devastadas por las grandes guerras y que provocaron una profunda segmentación social. En este caldo de cultivo también crecieron las protestas sociales que se reunían en movimientos como el de mayo del 68 y las protestas antibélicas, una serie de levantamientos sociales en los que la mayoría de los participantes fueron las nuevas generaciones. Entre las voces de estas protestas dominaba una urgencia por actualizar los conceptos sociales y, por lo tanto, urbanos del momento.

Inspirado por la obra de Jacobs, el joven sociólogo Richard Sennett reflexionó en su obra *Los usos del desorden* (2022) sobre los efectos de las ciudades contemporáneas en el desarrollo personal y social. Situándose en contra del modelo de ciudad funcionalista, Sennet desarrolla una tesis basada en la idea de que "las personas que viven en una ciudad grande y desordenada pueden desarrollarse como ser humano". Dicho desarrollo humano giraría en torno a la transición a la edad adulta, un fenómeno que el autor relaciona con factores como las crisis de identidad, los cambios en las estructuras familiares y, por supuesto, el marco social y urbano que en este caso es la complejidad de la nueva vida urbana (2022, p. 18).

De igual manera que Lefebvre define la realidad urbana como un fenómeno aditivo, Sennett hace lo propio con el crecimiento personal, diferenciando entre cuatro etapas del desarrollo del adolescente urbano que, según el autor, le llevan *a* "aceptar las experiencias disonantes y conflictivas como parte de la realidad social". (2022 p 179). De esta forma, Sennet establece así un desarrollo paralelo de ciudad e individuo que resulta clave para la perspectiva metodológica del presente trabajo.

En última instancia, el autor pone de manifiesto la necesidad de una nueva concepción de los usos humanos de las ciudades empujada por el cambiante clima tanto social como urbanístico de las grandes ciudades contemporáneas. El propio autor señala en el prólogo de la edición más reciente que estas reflexiones sociológicas cobran importancia en momentos de crisis por ser son fenómenos universales y múltiples, comparando el contexto de redacción de este ensayo con fenómenos sociales actuales como el movimiento Occupy Wall Street en Nueva York o el 15M en Madrid.

La ciudad global y la lógica de *Expulsiones* de Saskia Sassen

Por último y a modo de epílogo de este repaso teórico, son muchos los autores contemporáneos que, de igual modo que los sociólogos de la del siglo XX, han sido movidos por los profundos cambios sociales de las últimas décadas para plantear nuevas cuestiones que atañen al ser humano dentro de su contexto social más directo. Esos cambios en la ciudad y en la sociedad se han recogido bajo un mismo fenómeno: el de la globalización. Theodore Levitt fue el primero en introducir el término aplicándolo al espectro económico en su artículo *La Globalización de los mercados* (1983), donde explicaba las dimensiones económicas y transnacionales que empezaban a dominar las lógicas capitalistas dominantes. Fue más tarde, en 1991 cuando Saskia Sassen localizó este fenómeno directamente en las nuevas *ciudades globales*, que la autora define como aquellos núcleos urbanos en los que se reúnen funciones burocráticas y de mercado al mismo tiempo que presentan características sociales de homogeneización y segregación. Una lógica marcada por la diversidad, la polarización y la fragmentación pero, también, por lo que la autora llama la "otra globalización", marcada por la proliferación de movimientos internacionales para la defensa de los derechos humanos y civiles (Sassen, 1991).

Cabe destacar que otros autores como Manuel Castells o Jordi Borja también dieron cuenta del fenómeno de la globalización paralelamente y realizaron numerosos estudios sobre sus dimensiones generales, introduciendo nuevos conceptos socioeconómicos en obras como *La Sociedad Red* de Manuel Castells (Castells, 1996); o poniendo el foco en la resistencia de lo local en las sociedades occidentales en su obra conjunta *Local y global: la gestión de las ciudades en la era informática* (Borja y Castells, 2004).

Por su parte, Saskia Sassen analiza el fenómeno en *Los espectros de la globalización* publicado el mismo año, donde sigue demostrando los cambios sociales de la transnacionalización a través de la organización social urbana. No obstante, será más adelante en 2015 cuando dedique un libro a las consecuencias de dicha organización y a sus peones más afectados. En la obra *Expulsiones* (Sassen, 2015), la autora pone el foco en los verdaderos perjudicados: la población emergente que ya habitaba en los márgenes de las ciudades y que ahora se vuelve a colocar en el límite del sistema global, quedando exenta de los beneficios del sistema público que se concentra en los núcleos urbanos ahora gentrificados.

2.2 El análisis fílmico

Nociones generales

El estudio del análisis cinematográfico nos recuerda en muchas de sus teorías fundacionales que no existen unas pautas estandarizadas para el análisis fílmico. Esta maleabilidad de los estudios del arte cinematográfico lo sitúa como un buen punto de partida para introducir conceptos de otras disciplinas que refuercen su análisis y su valor cognoscitivo. Existen varias disciplinas que se aplican habitualmente a las obras audiovisuales, desde los estudios semióticos de Christian Metz o la narratología de Genette hasta el análisis de personajes sobre el que han teorizado autores como Seymour Cahtman y Syd Field. Otros autores como Jean Mitry proponen una mirada más amplía desde la estética y la psicología, un enfoque formalista pero que también aboga por que la creación cinematográfica "se someta a una lógica que está más allá de ella" (Cañizares Fernández, 1992 p. 137).

Son enfoques respaldados por teóricos e historiadores del medio cinematográfico como el catedrático Roman Gubern que asegura que "diseccionar gota a gota los elementos del lenguaje cinematográfico y mezclarlos con otras disciplinas sociales hace más densa su consistencia académica y desvía su cauce a otros estudios sociales que a su vez pueden beber de estas imágenes icónicas" (Gubern, 2006)

Al mismo tiempo, será necesario partir de conceptos sólidos e intrínsecos a los estudios fílmicos para realizar esa posterior hibridación sin perder el valor innato de los análisis audiovisuales. Para ello, este trabajo se apoya en las teorías analíticas de Francesco Casetti y Federico Di Chio, que recogen y actualizan nociones de otros autores como J. Aumont y M. Marie, Christian Metz o Pierre Sorlin.

El análisis fílmico de Casetti y Di Chio

En su obra *¿Cómo analizar un film?* , los autores plantean un modelo de análisis basado en la descomposición y recomposición del objeto audiovisual según sus elementos internos. Un análisis fílmico que comienza por un "reconocimiento y comprensión" de los elementos y su articulación en un todo (Casetti y Di Chio, 1990 p. 31).

El primer paso que se plantea en este modelo de análisis es el de la *descomposición* del objeto en diferentes partes. Ya desde este primer paso, se propone una bifurcación que por un lado contempla la segmentación lineal, basada en los elementos técnicos y estructurales de la obra (episodios, secuencias, encuadres, imágenes...) y por otro lado una descomposición de espesor que atiende a cuestiones más allá del lenguaje cinematográfico. Una posibilidad de estratificación en base a elementos estilísticos, temáticos o narrativos, por ejemplo, que serviría para elaborar un hilo analítico en base a cuestiones diferenciadores y al mismo tiempo transversales de cada obra audiovisual (1990 pp. 34-45).

La ordenación y descripción de estos elementos conforman el corpus analítico en un proceso de recomposición que desemboca en una visión unitaria del hecho fílmico. Un proceso de reagrupamiento y modelización que, de nuevo, contempla posibilidades para que el análisis sea más o menos abstracto.

No obstante, se remarca en varias ocasiones que la adecuación puede darse entre varios modelos simultáneamente, tanto los planteados en la obra como los de otros autores y disciplinas. Así, los autores destacan una propuesta metodológica de análisis con "amplia visión de horizonte, ya que, siguiendo a los propios autores, será esa vista aérea, la única que nos permitirá seguir los hilos de la trama sin perder de vista el significado completo" (1990 p. 59).

2.3 La producción audiovisual

> El cine ha descubierto su importancia como espejo de la historia y como vehículo de información. Su destino es el de contribuir a que los hombres, de diferentes latitudes y de diversas costumbres, puedan conocerse y comprenderse mejor y, en consecuencia, se sientan solidarios en sus problemas y en sus objetivos. Y su misión es también la de profundizar en el conocimiento del mundo físico que les rodea, desde las formas de vida microscópicas hasta los cuerpos celestes que se mueven en el infinito. (Gubern, 2016)

Una introducción al cine del siglo XX

El cine de ficción compone un corpus analítico suficientemente prolífico para cualquier análisis teórico interno o externo. Como tal, el criterio para la delimitación de las obras cinematográficas a analizar tiene que ver, en este caso, con hitos de la historia socioeconómica de España que a su vez se relacionan con diferentes etapas de la producción cinematográfica nacional.

En la historia del arte universal, los picos y valles del desarrollo social, político y económico han influido e incluso han sido el germen de los movimientos más prolíficos del hecho cultural. En Occidente, los periodos de estabilidad del siglo XV dieron lugar al Renacimiento en Italia e incluso al nacimiento de la filosofía en tiempos de la ya mencionada Grecia Clásica. Asimismo, los sucesos desestabilizadores también tienen su efecto en la práctica artística: la Primera Guerra Mundial resquebrajó las representaciones clásicas dando paso a la desfiguración vanguardista y, seguidamente, la Segunda Guerra Mundial terminó de abrir una brecha cuya sutura artística esta vez incluía la creación cinematográfica como respuesta, reflexión y reflejo consciente de la realidad social.

De este modo, y centrándonos plenamente en el tema que nos ocupa, la creación cinematográfica de ficción pasó, bajo la sombra de la posguerra, del llamado Modelo de Representación Institucional al modernismo cinematográfico (Burch, 2008). Ese cambio se dio, principalmente, en Europa, donde las Nuevas Olas surgieron de los países en recuperación tras el mayor conflicto bélico de Occidente. En Francia, la prolífica producción intelectual -tanto audiovisual como escrita- dio lugar a la más conocida de estas corrientes, la *Nouvelle Vague*. Los autores de la nueva ola francesa, aunque admiradores de las filmografías clásicas de autores como Hitchcock, querían desprenderse de una tendencia intelectual y excesivamente literaria que detectaban en el cine, especialmente, en el cine nacional francés. Apoyados en las últimas innovaciones técnicas, los autores realizaron obras con menos presupuesto del habitual y con una gran carga de reflexión formal y de compromiso con la realidad social inspirada, sobre todo, por el neorrealismo italiano.

Con una producción más escasa, el neorrealismo italiano de los años 40 está considerado como precursor de las corrientes de la modernidad cinematográfica. En pleno gobierno fascista, se dejaron oír las voces de los estudiantes y profesores del *Centro Sperimentale di Cinematografia,* reclamando una mayor representación de la realidad en el cine que, por entonces, estaba controlado por la censura oficial. Así, se filman obras como la *Obsesión* (Visconti, 1942), ópera prima del neorrealismo, seguida de verdaderas piezas de documentación histórica de la posguerra italiana como El ladrón de bicicletas (De Sica, 1948) o *Stromboli* (Rossellini, 1950), que incluye secuencias directamente documentales.

Y es que muchas de las técnicas cinematográficas de los directores del neorrealismo perseguían precisamente un verismo documental apoyado en el uso de escenarios naturales, una iluminación naturalista y diálogos sencillos puestos en boca de actores no profesionales a los que más de una vez se les daba libertad para la improvisación. En resumen, un cine "sin todo aquello que se interpone entre las cámaras y la realidad para falsearla y mitificarla" (Gubern, 2016).

A partir de este momento, vemos brotar las consecuencias de la modernidad cinematográfica por toda Europa y por todo el mundo. Con corrientes, escuelas e industrias que adaptaron las nuevas formas de hacer cine a su contexto. Sin embargo en algunos países la producción cinematográfica se vio mermada por las heridas abiertas de las guerras y las dictaduras. Es el caso de España donde el franquismo desangró durante décadas el escaso tejido de la producción cinematográfica.

Los primeros pasos del *cine español*

Los primeros pasos del cine español, como dice el propio Gubern (2009), no tienen colores risueños. Durante las primeras décadas del siglo XX, los autores literarios y académicos de las letras rechazaban el cine. Después de la Guerra Civil, bajo la dictadura de Francisco Franco, las vocaciones de cineastas como Carlos Velo de crear un cine popular que pudiera asentar una historia estable se vieron truncadas por el fuerte proteccionismo que llevó a la creación de la Junta Superior de Censura Cinematográfica, encargada de la censura de las obras y de la prohibición de exhibir películas extranjeras coetáneas como *Roma Citta Aperta (1945, Rossellini).* Autores como Saenz de Heredia se esfuerzan por consolidar una industria del cine español por la que circulen grandes sumas económicas mientras que otros como Rafael Gil buscaron reconectar al cine con la realidad de las calles con obras como *Viaje sin destino* (Gil, 1942) o *Huella de luz* (Gil, 1942). Sin embargo, las películas que lograban mayor retribución económica por ser dotadas de privilegios de distribución y producción eran las que entraban en la categoría autodenominada de *interés nacional*. Entre estas películas destacaban las obras dramáticas y la comedia musical.

Años más tarde, en 1955, se celebran las *Conversaciones Nacionales* del *Cineclub Universitario de Salamanca* centradas en la problemática de la producción cinematográfica española y en apoyar las nuevas obras nacionales en la tradición realista de la cultura. El autor Juan Antonio Bardem (1955) resume dicha problemática de manera tajante al afirmar que: "el cine español actual es: políticamente ineficaz, socialmente falso, intelectualmente ínfimo, estéticamente nulo e industrialmente raquítico". Tanto él como su coetáneo Luis G. Berlanga, se educaron en el *Instituto de Investigaciones y Experiencias Cinematográficas*, creado en 1947 y que pasaría a ser la *Escuela Oficial de Cinematografía* en 1962. Forman parte de una generación que no participó en la guerra civil y que contaba con un bagaje cultural más amplio con referencias del cine francés o del neorrealismo italiano. Ambos se estrenaron con el reconocido título *Bienvenido Mr. Marshall* (Berlanga, 1951) y Bardem pasó a dirigir obras paradigmáticas como la trilogía conformada por *Muerte de un ciclista* (Bardem, 1955), *Calle Mayor (Bardem, 1956) y La Venganza* (Bardem, 1958), un retrato social caricaturizado de la sociedad de la época.

Capítulo 03
Cine español del tardofranquismo

Comedia desarrollista y censura

En 1962, el Ministro Manuel Fraga colocó a José María García Escudero al frente de la *Dirección General de Cinematografía y Teatro*. Bajo su dirección, se elabora un Primer Plan de Desarrollo que busca la incorporación de jóvenes directores al mismo tiempo que se impone el nuevo código de censura en el que se establecía que:

> El Estado, por razón de su finalidad, tiene el deber de fomentar y proteger tan importante medio de comunicación social, al mismo tiempo que el de velar para que el cine cumpla su verdadero cometido, impidiendo que resulte pernicioso para la sociedad (BOE, 1963).

En general, durante la década de los 60, la producción cinematográfica iba en aumento dado el impulso del desarrollo económico. En esta década, proliferaban las obras dramáticas y cómicas inspiradas por la creación literaria del momento. Rafael Azcona, Miguel Mihura o Alfonso Paso fueron algunos de los nombres de la literatura que fueron retratados y retratistas del cine de la época, muchos de ellos con el favor de la dictadura ya fuera por la fama que les precedía o por su cercanía ideológica. En cuanto a la situación urbana, Madrid sufrió una evolución distorsionada entre los años 50 y 60. Esto se debía a que los procesos de desarrollo y crecimiento eran autárquicos y excluían a arquitectos y urbanistas de los procesos de diseño estratégico urbano (Leguina, 1988).

A pesar de las circunstancias políticas, la obra de muchos autores cinematográficos cogió impulso con la literatura del realismo social y, con tintes neorrealistas, dibujó un nuevo panorama de obras grotescamente cómicas y realistas. En un primer momento, la comedia sirvió como parapeto de los discursos críticos de muchos autores. A esta tendencia, que no fue ni mucho menos unificadora, se adhirieron autores como Fernando Fernán Gómez con *La vida por delante*, Luis Berlanga con *El verdugo* (Berlanga, 1963) y el dúo de Marco Ferreri y Rafael Azcona con *El Pisito* (Ferreri, 1958) y *El cochecito* (Ferreri, 1960).

Rafael Azcona inició su inmersión en el mundo audiovisual con la adaptación a la gran pantalla de dos de sus novelas de comedia: *El pisito* (Azcona, 1958) y *El cochecito* (Azcona, 1960), ambas dirigidas en la gran pantalla por Mario Ferreri, realizador italiano con el que seguiría colaborando durante tres décadas por su sintonía a la hora de elucubrar historias de comedia grotesca que dividían a público y crítica. De los primeros pasos del novelista riojano en el cine también destacan sus primeras colaboraciones con Luis G. Berlanga, quien, por influencia del autor, dio un giro al tono de su obra al pasar de un humor más recatado y nostálgico como el de *Novio a la vista* (Berlanga, 1954) a la sátira cruel de obras como *Plácido* (Berlanga, 1962) o la galardonada *El Verdugo* (Berlanga, 1963) ambas guionizadas por Azcona.

Por su relevancia y por los hilos temáticos que unen obras como estas, se selecciona una de ellas, *El Pisito (*Ferreri, 1958*)*, como punto de partida del corpus analítico. El protagonismo de la generación joven, la relevancia de la temática social dentro del contexto urbano y, más aún: su conflicto narrativo centrado en el espacio habitado de forma explícita, hacen de esta obra un hito en el repaso de obras audiovisuales comprometidas con el hábitat y sus habitantes.

Algunos autores como Carlos F. Heredero han querido unificar esta tendencia realista bajo denominaciones como *cine disidente*. No obstante, no solo se trata de obras críticas, sino que la propia tendencia realista de la posguerra española surge de voces reconocidamente afines al régimen dictatorial como Rafael Gil o Alfonso Paso (Deltell, 2006).

Alfonso Paso fue un dramaturgo que recopiló grandes éxitos de público en los teatros vigilados por el franquismo. No obstante, su afinidad con el régimen no le excluyó de la censura que le afectó, sobre todo, en su etapa como realizador y guionista. En obras como *No Somos ni Romo ni Julieta* (Paso, 1969), vemos los rasgos de su comedia ligera o *comedia desarrollista*, llamada así por varios autores al encuadrarse en el periodo de crecimiento económico de la década de 1960. El protagonismo de familias de clase media, la representación de los oficios de la época y la liberación mediante el humor idealizado, impregnaron el género de comedia española menos atrevido de autores como Paso, que buscaban la identificación generacional del público y la aceptación por parte de la Junta Superior de Censura Cinematográfica.

3.1 *El pisito* (Ferreri, 1958)

El Pisito fue la primera colaboración entre el autor Rafael Azcona y el realizador Marco Ferreri. El director italiano inició su carrera en la pequeña pantalla y después de varios fracasos como productor llega a España como vendedor de lentes de la compañía Totalscope y conoce al por entonces humorista y novelista primerizo Rafael Azcona. Juntos intentan llevar al cine, sin éxito, una adaptación de su novela *Los muertos no se tocan, nene* publicada en 1956. *El Pisito* no corrió mejor suerte, siendo excluida de ayudas económicas y de los circuitos de exhibición internacionales. A pesar de las vicisitudes, Azcona y Ferreri lograron hacerse un hueco en un clima cinematográfico que propiciaba las historias cómicas sobre la nueva vida en la ciudad, con títulos como *Cerca de la Ciudad* (Luis Lucía, 1952) o *Los Golfos* (Carlos Saura, 1959).

Sinopsis: "Una historia de hoy para un cine de hoy"

Así se anunciaba en el periódico ABC el estreno del primer largometraje de de Ferreri y Azcona. Y es que, a pesar de compartir rasgos temáticos de las comedias desarrollistas, *El Pisito* relata una historia más bien macabra y atrevida sobre una pareja de la clase media madrileña que intenta prosperar social y económicamente a costa del fallecimiento de una amable anciana. Atrapados en las estrechas corralas y viviendo en habitaciones subarrendadas de los barrios del centro, Rodolfo (José Luis López Vázquez) y Petrita (Mary Carrillo) urden un plan para heredar el piso de Doña Martina (Concha López Silva), una inquilina del distrito Centro de la capital. Por el camino, vecinos, jefes y familiares aconsejan a los jóvenes mientras ellos mismos subsisten en la Madrid de 1950. Unos personajes secundarios ampliamente caracterizados por la pluma de Azcona y que forman parte de los espacios urbanos que transita y habita la pareja.

El problema de la vivienda se sitúa como motor de la acción narrativa y de sus personajes, con conversaciones explícitas sobre la problemática de adquirir un inmueble y la frustración personal a la que aboca la falta de recursos para arrendarlo. Al mismo tiempo, un nuevo horizonte se empieza a construir más allá de las avenidas que vertebran gran parte de la obra: grandes bloques de apartamentos se muestran como monstruos acechando el centro urbano en una crítica a la desestabilidad socioeconómica que pasó desapercibida para los censores del Régimen por ser un retrato acorde a la realidad social.

Personajes: inquilinos de la posguerra

Rodolfo (José Luís López Vázquez)

Por un lado, el personaje masculino es el que cobra mayor relevancia en la historia. Se trata de una recreación del arquetipo literario del gracioso, un personaje masculino apocado y con rasgos idiosincráticos negativos como la cobardía. El origen de este personaje tipo se remonta a las narraciones bucólicas donde se representaban de esta forma a siervos y habitantes del ámbito rural en contraste con la burguesía. En definitiva, un hombre vapuleado por las lógicas sociales que se erigen a su alrededor.

El resultado es un personaje que representa una actitud de frustración y sobrecarga de estímulos similar a la que Simmel define como actitud *blasé* (apático, hastiado).

Rodolfo encarna en muchas escenas ese letargo emocional que le impide reaccionar a las situaciones que se presentan a su alrededor con la intensidad que socialmente se requiere. Una actitud apática que contrasta con el intelectualismo de figuras dominantes como el médico Don Dimas (José Cordero), quien le aconseja caminos nefarios para prosperar y ante los que la indiferencia de Rodolfo sirve, como también apuntaba Simmel, de sistema de "protección para el organismo" (Simmel, 2005[1903], p. 5).

Un antihéroe encarnado por José Luis López Vázquez, quien ya estaba forjando por aquel entonces su estatus como estrella del *star system* español. Con una carrera actoral que se remonta a 1946, el madrileño se convertiría en una de las figuras más queridas y reconocidas del cine nacional.

Petrita (Mary Carrillo)

La contraparte del protagonista masculino la aporta Petrita, interpretada por Mary Carrillo, actriz iniciada en el teatro acostumbrada a encarnar personajes de la literatura clásica española y con una extensa carrera en la gran pantalla. Este personaje femenino representa una convicción y unos valores de determinación personal superiores al de su compañero masculino en circunstancias de conflicto.

Al mismo tiempo, su personaje evoluciona hacia otras conductas estereotípicas negativas como el egoísmo o el consumismo arraigados en la sociedad y representados habitualmente en los personajes femeninos.A pesar de una situación económica estable, su frustración por no sentirse realizada en lo personal sale a flote en más de una ocasión y, finalmente, se transforma en rasgos de antipatía. Una transformación que Simmel contempla en la actitud urbana del siglo XX y que también identifica como protección ante los dos *peligros* típicos de la metrópolis: "la indiferencia y la extrema susceptibilidad", fenómenos psicológicos que la protagonista experimenta a lo largo de la obra (Simmel, 2005[1903], p. 8).

La *(in)feliz* pareja

En conjunto, la pareja protagonista atraviesa un episodio de estancamiento vital. Mientras se dejan mecer por los consejos de sus allegados, la vida urbana sigue su curso al margen de ellos. Un retrato de dos jóvenes enajenados que percibimos en más de una escena donde a pesar del espacio propicio para las relaciones sociales, ellos se muestran aislados en sus conflictos y pensamientos. A esto se le suma una añoranza por el amor romántico y por los años perdidos que muchas veces ponen de manifiesto de manera explícita en los diálogos: "debimos casarnos antes Rodolfo, aunque tuviéramos que haber vivido en una chabola"(Ferreri, 1958). En otras secuencias, es la imagen la que aísla a los protagonistas y comunica su descontento. Como en una escena de baile donde la pareja se mezcla con parejas más jóvenes y ambos les observan apenados desde los márgenes del encuadre .

Espacios históricos

El Distrito Centro en la década de 1950

Los rótulos de los créditos iniciales se superponen en las imágenes de la Gran Vía de Madrid. Tan solo la silueta de los edificios emblemáticos de las avenidas es suficiente para remitir al cosmopolitismo madrileño que por entonces levantaba pasiones en el cine español. Una propaganda de progreso que hacía gala de los avances socioeconómicos del país una vez superada la Guerra Civil (Deltell, 2006).

Los grandes bulevares comerciales siguen atrayendo los focos del cine español. En este caso, tanto las grandes avenidas como otras calles del centro son el escenario elegido para las narraciones de ficción. El comercio local de la época también funciona en *El Pisito* como una ventana al pasado que devuelve a la vida espacios comerciales como el desaparecido Mercado de San Ildefonso y los comercios de varias calles del distrito Centro.

Los nuevos planes de vivienda del sureste madrileño

El problema de la vivienda que se plantea en la obra de Azcona era uno de los principales problemas que enfrentaba la capital desde principios de siglo. En los años 50, el gobierno proyectó numerosos programas de absorción de población que consistían en la construcción de unidades urbanas denominadas poblados que se situaron alrededor del núcleo urbano principal (Ortiz, 2009).

Este proceso pasó por la integración de municipios como Canillejas, anexionado a la Comunidad de Madrid bajo legislaciones urbanísticas como el Plan de Urgencia Social de 1957. Entre los numerosos que surgieron en esta zona sureste, el Gran San Blas supuso la construcción de nuevos bloques de viviendas a cargo de la Obra Sindical del Hogar.En *El Pisito*, los protagonistas visitan estas nuevas barriadas en una secuencia deliberadamente encuadrada para resaltar las enormes dimensiones de los nuevos edificios de viviendas. Con una gran profundidad de campo, nunca mejor dicho, Ferreri dirige nuestra mirada al gran contraste entre los bloques de varios pisos y las amplias parcelas sin urbanizar que los rodean. Por esas mismas vías vemos pasar en el mismo plano secuencia a ganaderos y gente a caballo que todavía transitan entre los tranvías y los automóviles.

Habitaciones privadas y no tan privadas

De vuelta en el centro, los planos generales cesan cuando la historia pasa a ocupar el espacio de las viviendas privadas. Un retrato de los pisos subarrendados que proliferaban en la época y en los que la convivencia era ruidosa, angosta y por supuesto precaria. En las conversaciones de inquilinos y propietarios siempre está presente el contrato económico que los une y en el que se basan sus relaciones personales. Es el caso de Rodolfo, el médico Dimas(José Cordero) y Mery (Celia Conde), tres inquilinos subarrendados por Doña Martina (Concha López Silva) que, en torno a la mesa del comedor, discuten las condiciones y el futuro de su situación habitacional. Una "falta de ambigüedad en los tratos [...] y en los contratos" de la que ya hablaba Simmel a principios de siglo, asegurando que los asuntos monetarios condicionarían la vida social y mental de los urbanitas (Simmel, 2005[1903]).

El piso de Doña Martina

Otro espacio histórico de gran simbolismo retratado por Ferreri es la vivienda que desata el conflicto argumental. El piso de Doña Martina es el más amplio y de más valor económico que vemos en la obra. Las estancias retratan las viviendas tradicionales del Madrid de los años 1950. El somier metálico del dormitorio, las lámparas de vidrio grueso y los aparadores de madera eran los más comunes en las viviendas de la posguerra. Además, se muestra un simbolismo más explícito con las múltiples imágenes y figuras religiosas que guardan los rincones de todas las estancias en forma de cuadros o tallas de madera, representaciones de la profunda fe cristiana de generaciones pasadas, unos valores tradicionales que se reflejan en sus diálogos con Rodolfo.

Las corralas

No solo eran estos edificios antiguos lo que persistían entre las nuevas viviendas que iban poblando el centro, las corralas decimonónicas también se ocultaban detrás de las opulentas avenidas y albergaban a numerosas familias de distintas generaciones. Este tipo de viviendas se construyeron para acoger a los primeros migrantes industriales de las grandes ciudades españolas. En Madrid, estas comunidades se ubicaban cerca de las zonas industriales que, por aquel entonces, se encontraban muy cercanas al centro de la ciudad, en barrios como Pacífico, donde se ubica la corrala de *El Pisito*. Las viviendas y pasillos exteriores de las corralas giran en torno a un patio que funciona como núcleo de la vivienda. A pesar de su gran tamaño, los pasillos siguen siendo angostos y por ellos corretea la nueva generación del *baby boom*. Retratadas como foco social por excelencia, las corralas reproducen la misma lógica de arrendatarios y arrendadores que genera fricción entre las familias tradicionales. Dentro de esas familias destaca el papel de la ama de casa, una mujer casada que se dedica a las tareas del hogar y al cuidado de los hijos casi exclusivamente. El agotamiento del que habla Simmel es más intenso en estos casos y a menudo son retratadas como mujeres frívolas. En El pisito, Ferreri reproduce estos estereotipos pero lo hace con una vocación de denuncia, presentada de forma explícita en escenas familiares rocambolescas.

Espacios de reproducción de la fuerza de trabajo

Los espacios históricos construyen en *El Pisito* un diálogo de contrastes muy marcados entre la vivienda tradicional y los nuevos horizontes habitacionales. De igual manera, con los oficios se plantea un contraste similar entre oficios tradicionales y otros puestos de trabajo que surgen fruto de los avances tecnológicos y económicos que afloraban lentamente en la posguerra.

La biblioteca circulante

En primer lugar, cabe destacar el valor documental de la representación de oficios extintos como el de los bibliotecarios circulantes. Previamente a la construcción de una red de bibliotecas municipales lo suficientemente sólida, este servicio acercaba lotes de libros a los barrios o parques de diferentes ciudades españolas. Su fundación perseguía el fomento de la lectura pero eventualmente algunos de estos servicios se consolidaron como comercios privados de alquiler y venta de ejemplares (Rodrigo Echalecu, 2009).

Los nuevos empresarios

Por otra parte, se nos presenta el oficio de Rodolfo como ayudante de ventas de una compañía dedicada a los productos tecnológicos. En época de desarrollo económico, hubo una apertura a la importación de productos internacionales relacionados con la tecnología del hogar. En este caso esto se representa a través del oficio de comerciante de ventas, un puesto que ocupó el propio director Marco Ferreri en Italia. No obstante, en contraste con su oferta de productos modernos, el espacio de trabajo se ubica, de nuevo, en un inmueble angosto ubicado en las inmediaciones de la Plaza de España. Estas incongruencias forman parte del discurso que plantea la obra sobre la modernidad forzosa de unos espacios y de una sociedad que no estaban preparados para su entrada.

La ironía de Azcona y Ferreri está presente, una vez más, en la configuración del espacio fílmico. En una oficina destinada a las ventas y al avance tecnológico, destacan símbolos tradicionales de escepticismo tales como manojos de ajo o herraduras colgadas a la pared. Una crítica más o menos buscada ya que se trata de espacios verosímiles para la época. Al mismo tiempo, Azcona se encarga de caracterizar al habitante de este espacio, el jefe, como un hombre cuya firmeza y aplomo contrasta con sus productos y sus trabajadores, creando, en conjunto, otro espacio esperpéntico de la realidad social madrileña.

Espacios de reproducción de las relaciones sociales

El Café Flor

En su tiempo de ocio, los madrileños de clase media y alta acudían a locales destinados al ocio que reabrieron sus puertas tras la Guerra Civil. Es el caso del Café Bar Flor situado en la céntrica Puerta del Sol. Inaugurado en 1920, estuvo situado en el mismo edificio que la revista Codorniz, el magazine de comedia donde trabajó el propio Azcona como ilustrador.

El local entró en decadencia en la década de los 60 hasta su cierre definitivo en 1978, pero este emblemático café del siglo XX madrileño sigue vivo en el celuloide. Los protagonistas visitan este café en la película pero en su presentación, es el espacio y sus trabajadores los que acaparan la atención de las cámaras. Un grupo de mujeres sobre el escenario interpretan un número musical al unísono excepto por una de ellas, que aprovecha un descanso para darle el pecho a su hijo, retratando, una vez más la difícil conciliación laboral y social de las mujeres.

Las Cuevas de Sésamo

Otra actividad social habitual del mismo estrato social representado en *El Pisito* eran las salas de baile. Este local introducía en la capital la tradición centroeuropea de instalar clubs nocturnos para jóvenes e intelectuales en antiguas bodegas. No obstante, los clientes de estas salas eran muy variados y ante los escritos en verso de sus muros, la gran mayoría se dedicaba al baile.

Espacios absolutos

La representación del espacio absoluto en la obra de Azcona y Ferreri es breve pero intensa. En una única secuencia, los protagonistas descansan en el límite de la ciudad después de visitar los nuevos poblados de apartamentos construidos al sureste. En la ladera de un terreno agrícola, algunas personas se sientan en la hierba a tomar un aperitivo a modo de picnic. Se trata de un instante de reflexión que en este caso se relaciona con la amplitud de miras que ofrece el espacio rural exento del bullicio de las multitudes y las edificaciones urbanas.

3.2 *No somos ni Romeo ni Julieta* (Paso, 1969)

Antes de ser un largometraje, No somos ni Romeo ni Julieta se estrenó en el desaparecido Teatro Beatriz en 1968. Escrita y dirigida por Alfonso Paso, esta representación teatral era su noveno estreno en otro de los prolíficos años del autor madrileño. No obstante, esta obra recibió un aluvión de críticas negativas por parte de expertos periodistas y escritores de la época, acusando al autor de reducir un hito de la literatura a un sainete madrileño. En esta última etapa de su carrera como autor de teatro y cine, Alfonso Paso recibía, además, críticas por su cercanía con la ideología de extrema derecha; siendo abiertamente simpatizante de grupos como Fuerza Nueva y la Falange, tal y como expresaba en una conferencia recogida en el diario *La Vanguardia Española* (Payá Beltran, 2015).

Sinopsis: "Aquí en Madrid sois muy raros"

En esta tragicomedia costumbrista de la vida en los primeros suburbios madrileños, dos familias enfrentadas tendrán que superar sus diferencias por el bien de sus hijos, Roberto (Emilio Gutierrez Caba) y Julita (Enriqueta Carballeira) que viven un enamoramiento en medio de múltiples disputas sociales. Los personajes están deliberadamente caricaturizados, siendo catalizadores de conductas exageradas tanto en las disputas como en las prácticas amorosas de los protagonistas. Estos dos jóvenes son representados como personajes desconectados de la realidad por su falta de conocimientos sociales. Es por ello que, a la hora de intentar oficializar su relación, se verán envueltos en asuntos peligrosos y violentos propios de la cara oscura de los suburbios que representa el autor.

La intención humorista del inicio se va perdiendo para dar paso a un drama de confusiones y embrollos al más puro estilo de la *screwball comedy*, con la diferencia de que, afectada por su contexto histórico e ideológico, el desenlace y los últimos tramos de la acción narrativa están marcados por el sentimentalismo nostálgico del amor y la paz en tiempo de posguerra. Por lo que, finalmente, la obra pasa a ser una defensa de valores tradicionales como la familia, el amor casto y la corrección social. En una entrevista para el diario ABC, el autor de la obra explicaba el título de la obra alegando que:

Debemos ser Romeo y Julieta para que el mundo ande mejor y porque en mis viajes por la periferia de Madrid me he dado cuenta de un síntoma aterrador: el viejo rencor español, el odio y la incompatibilidad, la intransigencia siguen siendo el pan nuestro de cada día. El amor, la bondad, la pureza son concebidos aún como una estupidez (Paso, 1968).

Precisamente ese contraste entre el odio generacional de la posguerra y la esperanza de las nuevas generaciones ajenas al conflicto es el tema principal de la obra. No obstante, en cuanto a su intención como documento de crítica social, esta vocación *se le escapa* por una *falta de rigor,* señalada por el crítico Lorenzo López Sancho y que tiene que ver con su distancia al referente. Ya que, a pesar de estar situado en las zonas marginales, se trata de un costumbrismo que se le escapa al autor y que peca de voyeurismo social al retratar deliberadamente los aspectos más morbosos o excesivamente idealizados de la vida en los suburbios.

Personajes: Arquetipos shakespearianos y castizos

La feliz pareja

Con los personajes principales, el autor defiende el poder liberador del amor utópico, un elemento puramente literario y universal que exime a los protagonistas de los comportamientos realistas de la urbe. No obstante se pueden detectar, de nuevo, consecuencias de los grupos familiares estrechamente cerrados en cuanto a que ambos personajes no han sido capaces de desarrollarse individualmente tal y como detectaba Simmel. Lo que estos personajes encarnan es un deseo utópico y profético de cómo alcanzar la plenitud social. Una vez más, el autor vuelca en la obra su discurso personal sobre el deseo de una convivencia pacífica. Es por ello que los críticos de la época hablaban de *marionetas* más que de personajes (López Sancho, 1968).

Tal es su influencia positiva sobre la realidad social que les rodea que, además de crear, como ya veremos, espacios propios, consiguen redefinir espacios de conflicto. Y es que, en la secuencia donde conversan por primera vez a través de sus ventanas con barrotes de metal, se nos muestra en pantalla un plano vacío de la calle donde viven mientras hablan del odio que asola el barrio, redefiniendo este espacio histórico con una vocación conciliadora. Esto coincide con la inspiración shakesperiana de estos personajes, unos arquetipos cuya resolución se basa en encontrar la libertad individual por encima de agrupaciones familiares y sociales que se mantienen impertérritas e inamovibles en sus conflictos (Huertas Martín, 2020).

Riña de *gatos*

En los conflictos sociales del largometraje es donde podemos ver un mayor peso de la problemática social madrileña. Como ya vaticinaba Simmel en su obra de referencia, la urbe se había convertido en un *escenario listo para los antagonismos*(Simmel, 2005[1903], p. 9). Las normas económicas impregnaban todas las lógicas sociales hasta el punto de enfrentar a los individuos que reducían los valores cualitativos a estereotipos basados en juicios cuantitativos. Es el retrato de una comunidad que lentamente se acerca a las actitudes propias de la gran ciudad. Los vecinos más prósperos destacan no solo por su situación económica sino por su actitud distante con el resto de la comunidad. La metrópolis "presenta condiciones peculiares para atribuir roles a los hombres" (Simmel, 2005[1903], p. 3).

Pater familias

Esta última afirmación entronca, por cuestiones lingüísticas con un factor a tener en cuenta a la hora de analizar la realidad social de esta y tantas obras de ficción: la reproducción de comportamientos patriarcales y misóginos dentro de las lógicas de las relaciones sociales.

Nemesio Caporeto (Jose Luis López Vázquez) y Antonio Negresco (Antonio Martelo) actúan como figuras dominantes del conflicto entre familias, una posición que no se ve alterada al final de la trama narrativa, sirviendo como retrato de una jerarquización familiar que no se muestra como cuestionable. Tanto es así que, de cara al final de la obra, la relación paterno-filial no se ve modificada, por lo que los patriarcas mantienen su posición dominante en la familia.

Mater familias

Por su parte, tanto Rosario Caporeto (Florinda Chico) como Trinidad Negresco (Laly Soldevilla) reproducen los roles de género asociados a las amas de casa de la posguerra española. Es precisamente en estas peleas rutinarias cuando se enzarzan en una disputa verbal al comienzo de la obra. La causa de la disputa nos da pistas de que las diferencias socioeconómicas entre las familias impregnan otros ámbitos como el cultural, ya que, mientras Rosario Caporeto entona el clásico pasodoble *Mi jaca* de Estrellita Castro, la matriarca Negresco le insta a cantar otra cosa, "que esa esta está muy pasada". Se trata de una preferencia por la canción *La la la* de Massiel, símbolo cultural del desarrollo por ser un signo de la aceptación europea del país dada su victoria en *Eurovisión.*

En cuanto a la representación audiovisual de este conflicto, en esta misma escena ocurre uno de los momentos más destacables de la obra en cuanto a valor técnico ya que se genera un montaje de atracciones entre la pelea callejera de ambas familias y el ambiente de un gallinero. Una asociación formal que bien podría vincularse tanto como una alegoría al mundo rural como a una parodia por parte del autor a esta situación violenta dado el tono cómico de la obra.

La resolución del conflicto: "¿Cambiaremos de una vez?"

El desenlace de la obra contrasta como ya se ha comentado con la vocación inicial crítica y sarcástica a la hora de representar la sociedad madrileña menos visible en la gran pantalla. Finalmente se opta por una resolución cerrada que aboga explícitamente por la superación de las rencillas del pasado en favor del nuevo espíritu de jóvenes ajenos al conflicto. "¿Por qué vamos a pagar los hijos el odio de los padres?" dice Antonio Caporeto en el momento álgido de la pelea entre familias. De esta forma se resuelve el conflicto a través de los *pater familias* con un monólogo que deja claro sobre qué brasas descansa la obra y de qué manera anhela disipar los últimos humos de la guerra.

> "¿Qué estamos haciendo siempre? Odiándonos entre nosotros, matándonos entre nosotros, haciendo de cada barrio una Guerra Civil y de cada casa una insurrección. [...] Habrá algún día en que nos alegremos del bien de los demás [...] ¿Cambiaremos de una vez?" (Paso, 1969).

Espacios históricos

Los primeros suburbios de la capital

En la década de 1950, se produjeron las primeras anexiones de los municipios que circundaban el perímetro del núcleo urbano madrileño. En los nuevos distritos del norte, los más cercanos al centro, las nuevas viviendas fueron construidas todavía con pocos recursos y con mucha celeridad por lo que la urbanización fue mínima y se mantuvieron o reformaron las casas bajas preexistentes al tiempo que se añadieron edificios bajos de ladrillo para albergar a las familias que mayoritariamente provenían del ámbito rural.

Los protagonistas de la obra de Paso viven en el poblado ficticio de *San Sebastián de los Ángeles Custodios* localizado realmente en calles y avenidas de los actuales barrios de Tetuán, El Viso y Cuatro Caminos. Al tratarse de un poblado de reducidas dimensiones y flanqueado por grandes avenidas y cercas que indicaban el límite de la ciudad, su tejido social se asemejaba más al de una ciudad pequeña e independiente. Esto, sumado a la tradición rural de sus habitantes, propiciaba, tanto en la ficción de Paso como en la realidad, un ambiente de cercanía entre los habitantes que, siguiendo la lógica simmeliana, se opone a la actitud metropolitana (Simmel, 2005[1903]).

Por otra parte, la escasez de recursos generaba inconvenientes para las actividades de primera necesidad. Por un lado, el flujo de agua potable era intermitente por los daños causados en la Guerra Civil y, en más de una ocasión, las vecinas, en su mayoría amas de casa, se acercaban a la fuente con cubos para acceder a los recursos hídricos tal y como se hacía en el rural castellano. En el caso de los barrios del norte, se servían del suministro del antiguo Canal de Isabel II, ahora ramificado en numerosos tramos diferenciados pero que mantenía uno de sus recorridos principales por este distrito.

Espacios de reproducción de la fuerza de trabajo

El transporte público

En la primera mitad del siglo XX se estableció en Madrid una red de transporte público que comenzó ya en 1857 con los tranvías y se modernizó en la década de 1950 con la creciente flota de autobuses de la Empresa Municipal de Madrid (EMT). Los modelos extranjeros Leyland y los Pegaso españolas, protagonizaban escenas de la gran pantalla, apareciendo como escenarios y elementos relevantes en películas como *Las chicas de la cruz roja*(1958) o *El día de los enamorados* (Fernando Palacios, 1959), protagonizada por un conductor interpretado por Tony Leblanc. En la obra de Paso, Nemesio Caporeto conduce un Pegaso modelo 5022 por las primeras avenidas del norte madrileño, resultando en una parodia sobre la masificación del transporte público.

Espacios de reproducción de las relaciones sociales

El guateque clandestino

La escasez de los locales comerciales en los primeros poblados de absorción y suburbios madrileños supuso una carencia de espacios de reproducción de las relaciones sociales que o bien se trasladaban a los espacios públicos como calles y descampados o bien se creaban al margen de la legalidad. Es el caso de los primeros encuentros clandestinos organizados por jóvenes y con el beneplácito de algún adulto responsable. En este caso, el garaje mecánico, único local comercial privado del barrio, cede su espacio como sala de baile improvisada.

Esta organización de los jóvenes que previamente se había dado por causas políticas , se traslada a las nuevas necesidades generacionales del *Estado de Bienestar* que sucedió a los períodos bélicos. El asociacionismo que antes había mantenido a flote a organizaciones vecinales políticas o de organización interna, da paso a las necesidades sociales (Villasante, 1986).

Espacios absolutos

Vías de escape

Una vez más se presentan espacios inocuos y de reflexión para los protagonistas localizados en escenarios naturales con la mínima intervención urbana y humana. En este caso, lo que parece un apartado prado donde sucede un diálogo entre los protagonistas en el punto de giro de la trama, resulta ser una vía de ferrocarril con salida y destino en la cercana estación de Chamartín. Los protagonistas, absortos en su conversación, son sorprendidos por la bocina del tren, un sobresalto que se traduce a lo visual con la apertura de campo que revela su peligrosa ubicación.

Además, en esta obra se nos presenta otra tipología de *espacio absoluto* también contemplada por Lefebvre en su teoría de la producción del espacio: la creación de estos espacios mediante un "proceso trascendente, mágico y cósmico en el que se les consigue vaciar [los espacios urbanos] de sus características y particularidades otorgándoles otras de tipo simbólico" (Lefebvre, 1974 p. 278). Así, los protagonistas se introducen en espacios más próximos a la realidad mental u onírica. Espacios de encuentro inexistentes pero creados a partir de representaciones espaciales reales. Es el caso de la escena del baile, donde, en un momento dado, se nos muestra el deseo de aislamiento y privacidad de ambos protagonistas con la creación y representación de un espacio paralelo vaciado, opuesto al que experimentan en la realidad. Del montaje frenético y discontinuo de la multitud en movimiento, se pasa a planos generales estáticos y con una iluminación más contrastada, más artificiosa, dentro del mismo espacio. Una enajenación dramatizada que nos traslada a espacios deliberadamente aislados como proyección de su estado mental.

Capítulo 04
Cine español en la Transición

De la promesa de la Transición a la resistencia del cine quinqui

El proceso de transición política hacia un Estado democrático y de derecho favoreció la reactivación y apertura de la industria cinematográfica. Al mismo tiempo, el declive del sector secundario a partir de la crisis de 1973 provocó una espiral de consecuencias que afectó, sobre todo, a los trabajadores industriales y a las nuevas generaciones que vieron mermadas sus oportunidades de insertarse en el mercado laboral. Este "periodo de descomposición" se concentraba, sobre todo, en las periferias de las ciudades, donde el incremento de la población era incompatible con las altas tasas de paro, que pasaron de un 15.4% en 1981 a rozar el 22% en tan solo cinco años. (INE, 1985) Las mayores tasas de desocupación se concentraban en los barrios del este y del sur, dado su origen y composición social de clase trabajadora. La población de los primeros poblados de absorción se expandía más allá de los límites de la recién construida M-30, una vía periférica que marcaba la división entre el centro y la periferia de la capital. Los barrios, claramente delimitados entre sí, contaban con problemáticas diferentes, idiosincrasias diferentes y, en última instancia, mitologías diferentes. Esos mitos localistas se reflejaron en el cine de la mano de los nuevos cineastas que contaron con un acceso más democratizado a los medios cinematográficos por las ayudas de los gobiernos democráticos de UCD y PSOE (Gubern, Pérez, Riumbau et al., 1994).

En cuanto a la producción cinematográfica, en 1977 tiene lugar la derogación de la censura gracias a medidas como el cese del Sindicato Nacional de Espectáculos. A partir de entonces se abren las fronteras culturales y el cine nacional pasa a competir con las obras europeas e internacionales prohibidas en años anteriores, lo que supuso una reducción en los beneficios de la producción española pero una apertura cultural a las técnicas y corrientes diversas de la época (Gubern et al., 2009).

Sin embargo, la debilidad del cine español se agravó con la crisis económica que aumentó los costes de producción en la década de 1980, una situación que empeoró con la caída de las cifras de asistencia a las salas de cine. Esto provocó la reacción de la *Corporación de Radio Televisión Española* que inició una política de colaboración con productores y cineastas españoles que perdura hasta el día de hoy.

La victoria del Partido Socialista en las elecciones de 1982 ayudaría a consolidar este apoyo además de otras medidas para frenar la caída del cine español. Entre ellas, el cambio de mando en la Dirección General de Cinematografía. Con Pilar Miró al frente, este organismo herencia de la dictadura puso en marcha campañas de apoyo a la creación audiovisual en forma de ayudas económicas o festivales. No obstante, estas medidas no consiguieron consolidar una industria cinematográfica y las nuevas obras producidas siguieron tratando las temáticas tradicionales o basándose en obras de la literatura clásica.

Bajo estas circunstancias, muchos autores se tomaron la justicia o, en este caso, el cine por su mano y emergieron como autores independientes de una filmografía manierista donde se puede ver el influjo de las técnicas clásicas chocando con la voluptuosidad formal de su vocación artístico-estética. Una modernización formal del cine propiciada por los avances tecnológicos y el ambiente rupturista de fenómenos sociales como la *movida madrileña,* donde destacaron autores como Pedro Almodóvar. El cine de Almodóvar muestra una clara admiración a la nueva alta burguesía madrileña, haciendo renacer las representaciones del centro de la ciudad y de otros símbolos del pasado vestidos de modernidad (Camarero, 2013).

Estos discursos eran una respuesta subversiva a los traumas generacionales de los jóvenes de la posguerra de la gran ciudad, tratados, en este caso, desde una actitud menos beligerante y más esperpéntica. Otros autores optaron por una representación más ácida de la realidad social de la capital, es el caso de la nueva comedia madrileña. Esta sobreescritura de la comedia costumbrista corrió a cargo de autores como Fernando Colomo, con su obra fundacional *Tigres de papel* (1977) o el crítico Fernando Trueba con su *Ópera Prima* (1981), un retrato desenfadado y rupturista sobre la nueva burguesía madrileña.

No obstante , los ecos del nuevo progresismo de los grandes núcleos urbanos sonaban muy lejanos para la mayoría de los jóvenes de esas mismas ciudades. En los extrarradios de ciudades como Madrid y Barcelona surgían otro tipo de historias que también trataban temáticas sociales pero lo hacían oponiéndose a la llamada cultura de la Transición con la que se quería dejar atrás el uso de la cultura como discurso militante (Martínez, 2012).

A esta breve corriente cinematográfica se la denominó cine *quinqui*, un término coloquial que recoge la RAE refiriéndose a aquellas "personas pertenecientes a cierto grupo social marginado". Los elementos en común de la breve filmografía *quinqui* incluyen una vocación documental por retratar una realidad social "incómoda de contemplar y de contrastar con la España de las grandes esperanzas y miradas limpias al futuro que uno tiende a asociar con la Transición" (Castelló, 2018)El primer autor al que se le atribuyen este tipo de discursos fílmicos es al catalán José Antonio de la Loma y a su obra *Perros Callejeros* de 1977. No obstante, este autor fue muy criticado por su retrato de las juventudes marginales barcelonesas por un "exceso de mitificación de sus personajes" según Gérard Imbert (2010).

Un gran referente de esta subcultura de la supervivencia urbana fue el ya citado Eloy de la Iglesia. Inmerso en el ambiente del extrarradio madrileño, De la Iglesia fue conociendo unas condiciones sociales que quiso llevar al cine a través de sus protagonistas reales. Jóvenes desocupados y sin estudios que se prestaron a interpretar, a cambio de un pequeño sueldo, historias cotidianas y autobiográficas de las nuevas generaciones madrileñas. Uno de esos jóvenes, José Luis Manzano, se convirtió en el icono de su generación y, como tantos otros, pereció ante la marea asoladora de drogadicción que rompía sus olas en los límites de la ciudad (Fuembuena, 2017).

El cine de Eloy de la Iglesia seguía sin contar con un refinamiento formal acorde al que se practicaba en el panorama europeo. No obstante, su larga carrera tanto en el cine como en la televisión, aportaba a sus historias algunos encuadres y recursos artísticos refinados dentro de la crudeza de su enfoque. Como sus contemporáneos, también recibió críticas sobre lo explícito de su cine, en una época donde el *destape* se abría paso de forma precipitada después de tres décadas de censura. Esta vocación rupturista contagió a otros autores que, como De la Iglesia, estaban acostumbrados a avanzar al margen del lento desarrollo económico y social español.

Uno de ellos fue Carlos Saura, quien precisamente se inició en el cine con *Los Golfos* (1963), un largometraje que anticipó la tendencia temática sobre la frustración generacional y la violencia que se desataba en la juventud española. Como autor prolífico e internacional que fue, Saura aporta a esta tendencia la técnica estética que para muchos era la gran ausente en el cine español de la Transición. El reconocimiento internacional que recibió por *Llanto por un bandido* (Saura, 1964) y *La Caza* (Saura, 1966) no le impidió bajar al barro para contar historias como *Deprisa, deprisa* (1981), un relato del lumpen urbano que contó con la participación de un elenco no profesional desplegado en los espacios reales de la periferia madrileña.

4.1 *Deprisa, deprisa* (Saura, 1981)

El director español alcanzó la fama internacional poco después de comenzar su carrera con el reconocimiento a Mejor Dirección en el Festival Internacional de Cine de Berlín por *La Caza* (Saura, 1965). Más tarde, volvería a triunfar entre la crítica internacional con *La prima Angélica* (Saura, 1973) y su más que conocida *Cría cuervos* (Saura, 1975), ambas Premio del Jurado en el Festival de Cannes (UPMD, 2018).

Con más de una decena de títulos a sus espaldas, Saura apuesta por un cambio de registro en 1980, dejando atrás el característico estilo metafórico que había perfilado a lo largo de su carrera para volver a sus orígenes cinematográficos. *Deprisa, deprisa* (Saura, 1981) supuso un relato tan social y explícito como lo fue su primera película, *Los Golfos* (Saura,1960) .A pesar del paso del tiempo, la problemática de la juventud menos favorecida de la capital no solo resulta un tema de latente actualidad sino que, en la década de los 80, conformaría toda una corriente temática que Saura ya había detectado en sus inicios como director y guionista. Este largometraje, Oso de Oro en el Festival de Berlín de 1981, conforma el ejemplo menos habitual en el cine quinqui pero también uno de los más premiados y reconocidos por público e historiadores. Las escenas de acción propias de este subgénero temático contrastan con el cuidado estilo de las secuencias más intimistas de este relato sobre amor, muerte y juventud.

Sinopsis: "Es la historia de unos muchachos que, como en todas estas historias, acaban muy mal"

En un barrio de las afueras madrileñas, Pablo (José Antonio Valdelomar), un joven cercano a la mayoría de edad, se encuentra sumergido en el mundo de la delincuencia juvenil. Como a tantos otros, la precariedad le ahoga en las zonas aisladas de la periferia. A pesar de la imparable corriente de precariedad, Pablo consigue coger aire cuando conoce a Ángela (Berta Socuéllamos), una joven camarera del barrio. Una vez declarado su amor, ambos avanzan a trompicones hacia la vida adulta. Pero, tanto ellos como sus amigos, no consiguen dejar unos hábitos peligrosos que les costarán la vida.

Personajes: la *generación perdida*

La precariedad económica, la desestructuración familiar, el desorden y las deficiencias urbanísticas conformaron un entorno de inestabilidad que se tradujo en prácticas vandálicas entre la juventud. Una generación que muchos definieron como *perdida* entre la delincuencia y la drogadicción, pero que encerraba unas causas y comportamientos detectados por muchos autores de la época como el psicólogo Erik Erikson(1968) o el sociólogo Richard Sennett (2022).

En su obra de 1968 *Identidad: juventud y crisis,* Erikson estudia el concepto de la creación de la identidad, entendida como forma consciente de forjar las normas por medio de las cuales el individuo se coloca en el espacio social (Erikson, 1980 p. 167). El problema surge cuando existe una incongruencia entre ese deseo de construcción personal y la escasez de materiales sociales que tiene a su disposición. A este fenómeno se le llamó crisis de identidad y afectaba, sobre todo, a jóvenes en la última etapa de su adolescencia que se enfrentaban a un desequilibrio entre "la imagen que el adolescente tiene de sí mismo y la imagen que se ha hecho de la vida exterior a él" (Erikson, 1980 p. 63).

La solución para esta incongruencia está, según Richard Sennett, en la creación de una "imagen del yo unificado" a través de experiencias sociales, y artefactos u "objetos de individualidad". Este último concepto, introducido por Peter Blos en los años 60, advierte la importancia de los "símbolos estáticos personales" dentro de una comunidad. Creencias, actitudes y acciones donde el adolescente encuentra su definición a falta de experiencias vitales y sin un carácter todavía por definir (Sennett, 2022 p. 84).

Pablo (José Antonio Valdelomar)

Los personajes principales de las obras de cine quinqui representan, en mayor o menor medida, esa adolescencia y el paso a la madurez obstaculizado por su contexto social. Según Richard Sennett, este desorden en la vida social urbana no impide la transición a la vida adulta, pero sí supone una dificultad añadida para una generación que tuvo que oponerse a comportamientos intensos e indeseados de su infancia y adolescencia. En ese movimiento que va de la "fuerza adolescente" a la "fuerza de la edad adulta", el autor diferencia cuatro etapas de un proceso que pasa por aceptar "experiencias disonantes y conflictivas como reales" (Sennett, 2022 p.42).

Las dos primeras tienen que ver con el desequilibrio y la tensión que los jóvenes empiezan a experimentar en su entorno. Se trata de un desequilibrio habitual entre la alta capacidad para la experiencia y la nula acumulación de experiencias. No obstante, el autor detecta que las nuevas lógicas de las ciudades modernas contribuyen, paralizando así el proceso de desarrollo personal.

Esto se traduce en la consecución de comportamientos inmaduros o peligrosos. Una actitud que comparten la mayoría de protagonistas del cine quinqui. Pablo no es una excepción y tanto el joven como su grupo fracasan a la hora de enfrentar dichas situaciones peligrosas que les superan por la falta de experiencia.

En otro caso de cómo el actor -en este caso no profesional- supera su propio rol cinematográfico, José Antonio Valdelomar sería detenido antes del estreno de la película por atracar un banco en el centro de Madrid. Lamentablemente, después de ese suceso no pudo continuar con lo que parecía una prometedora carrera como actor ya que falleció por sobredosis mientras cumplía condena en la cárcel de Carabanchel.

Ángela (Berta Socuéllamos)

Por su parte, Ángela también representa ese paso en falso hacia la madurez que sufrían en mayor medida las nuevas generaciones con menos recursos. Sin embargo, en Ángela se detectan rasgos que el autor asocia con estados más avanzados de madurez.

Por un lado, la joven manifiesta comportamientos más propios de la llamada "búsqueda de identidad purificada"(Sennett, 2022 p. 47). Una tendencia favorecida, según el autor, por las lógicas sociales de la época y que deriva en un blindaje personal frente a las experiencias desconocidas. Se trata de un comportamiento que paraliza el crecimiento social y personal y que el autor localiza, sobre todo, en los núcleos urbanos más avanzados de la época. Y, efectivamente, no se trata del rasgo más característico de la protagonista, pero sí se manifiesta de forma sutil en su rechazo a las drogas y el alcohol que se manifiesta de forma explícita en varias escenas de la obra.

Al mismo tiempo, ya entrando en la tercera *etapa* del proceso que propone Sennett, Ángela representa un sueño de solidaridad que se ve continuamente frustrado por su situación social desfavorable. Detalles como la preocupación por encontrar una vivienda mejor en otro barrio o el constante cuidado de las plantas de la habitación de Pablo, son símbolos de orden que destacan en un ambiente contrario.

Más allá de sus experiencias vitales, existe una frustración añadida que se muestra en la película y que tiene que ver con los pesados constructos sociales que se asignan a las mujeres. En las primeras escenas, Saura plantea una situación en la que se cuestiona la validez de Ángela para las tareas delictivas que solían llevar a cabo los hombres. "Una mujer para un trabajo de estos es una complicación" manifestaba uno de los amigos del grupo. Sin embargo, Saura demuestra rápidamente lo equivocado de esta afirmación a lo largo de la obra y otorgándole en esa misma escena un aliado que apoya su colaboración. En ese entorno seguro, Ángela manifiesta también su frustración frente a las expectativas vitales de su vida en pareja. Rechazando el matrimonio por verlo como una merma en su libertad dados los patrones sociales conservadores que regían en la sociedad.

Sin embargo, en la obra se hace hincapié en que, para el personaje de Ángela, la delincuencia juvenil es un proyecto de movilidad social y que, por lo tanto, tampoco forma parte de su vocación a largo plazo (Labrador, 2020). Este cúmulo de frustraciones ante la imposibilidad de realizar las metas personales, resulta crucial, según Sennett, para dar el paso a la madurez dentro del desorden. El fracaso a la hora de manipular los espacios sociales deja en evidencia tanto su rigidez histórica como sus limitaciones en cuanto a la construcción de la identidad personal.

Espacios históricos

La circunvalación M-30

Con la consolidación de los barrios periféricos fruto del *primer urbanismo de posguerra*, se consolida un mosaico urbano muy diferenciado en la capital española (Leguina, 1986). Los terrenos rurales que se extendían entre los primeros bloques de edificios fueron dando lugar a nuevas vías urbanas tanto para peatones como para automóviles. La primera circunvalación madrileña fue la M-30 construida a la par que se ampliaban las vías ferroviarias al norte, este y sur de la capital. En los años 60, el "anillo verde" sobre el que se proyectaron los nuevos barrios madrileños los acercaba al resto de la ciudad, dejándoles echar raíces en un mismo entorno urbano. Sin embargo, tres décadas más tarde, las circunvalaciones madrileñas sirvieron de barrera física del área urbana en expansión, consolidando la segregación entre el antiguo centro y los nuevos barrios.

En la película, los protagonistas transitan por este límite urbano en una escena de huida al inicio de la historia. El flujo constante de la circulación les permite ocultarse entre la multitud al tiempo que se mofan de la aparente alienación de los madrileños.

Entre Vallecas y Entrevías

La rigidez de unas estructuras urbanas también se manifiesta entre las calles de las zonas residenciales de la periferia, fácilmente reconocibles por sus bloques de viviendas de ladrillo y su disposición cuadriculada. Esta tendencia utilitarista que marcó las transformaciones urbanas a partir de la segunda mitad del siglo XX es lo que Lefebvre denomina el *urbanismo de los promotores,* basado en el orden funcional de los elementos sobre el terreno. En oposición a este *modus operandi* se situaría, según el autor francés, el "urbanismo de los arquitectos", inspirado por el antropocentrismo y con una cierta preocupación estética (Lefebvre, 1969).

En la obra de Carlos Saura, Pablo y El Meca (Jesus Arias) llegan a su barrio por la Calle de Sierra Vieja ubicada en el antiguo distrito de Mediodía que hoy corresponde, entre otros, al actual barrio de Vallecas. Las casas unifamiliares y los amplios terrenos sin edificar acentúan la sensación de estar en la última frontera de la ciudad, el límite de las urbanizaciones y, en definitiva, de lo urbanizado.

Más adelante, los protagonistas se desplazan a otro límite de la ciudad cuyo nombre ilustra bastante bien su condición geográfica: Entrevías. Los almacenes y servicios de mantenimiento del ferrocarril y la autopista de circunvalación M-30, propician una situación de encajonamiento para este barrio madrileño. En un intento por acercarse a la vida social deseada del centro, los protagonistas adquieren un piso justo al lado de las vías de ferrocarril tan características de la zona. Estas simbolizan otra muralla infranqueable para los habitantes de los barrios satélite que gravitan hacia el centro urbano original.

Espacios de reproducción de la fuerza de trabajo

La delincuencia juvenil

> Los años duros de la delincuencia juvenil se consideraban el último culatazo de la miseria económica, la represión y la falta de libertades del franquismo. (Cercas, 2013)

La precariedad urbanística no sólo afectaba a las viviendas, sino que también transformaba espacios públicos como los centros sanitarios y educativos en lugares *hostiles* para los habitantes (Sennett,2022). Muchos autores achacan a esta precariedad educativa la difícil inserción de los jóvenes en un mercado laboral marcado por el aumento del paro juvenil. Ante esta casuística, los jóvenes de la periferia se vieron envueltos en grupos de delincuencia con una mayor o menor organización. Dichos grupos repartían los beneficios y funcionaban en una cadena jerárquica que muchos jóvenes identificaban con el ámbito laboral (Cabañas, 1986). Tanto es así que en la mayoría de obras del cine quinqui, los protagonistas se ven implicados de un modo u otro en estas redes. En el caso de la obra de Saura, los protagonistas se refieren a estos actos como *trabajos* y los incorporan en su vida imitando la rutina de los trabajadores adultos.

La inclusión de la delincuencia juvenil en *Deprisa, Deprisa* cobra una veracidad rotunda cuando el grupo de protagonistas conversa sobre sus primeros hurtos en un diálogo casi completamente improvisado. Una realidad que Sennett advierte como una alternativa fuerte y peligrosa ante el desorden que debe ser redirigida y erradicada mediante la educación y la garantía del acceso al mercado laboral.

Espacios de reproducción de las relaciones sociales

De bares a discotecas

Entre los escasos locales comerciales de las urbanizaciones periféricas se solía encontrar un local de restauración frecuentado por jóvenes y mayores del barrio que lo usaban de punto de encuentro. El contraste generacional se hace latente en un espacio donde conviven actividades de ocio tradicionales como los juegos de cartas, con la última tecnología en forma de gramolas y máquinas de arcade usadas principalmente por los más jóvenes. Por otro lado, la apertura cultural del país trae del extranjero fenómenos culturales como el pop y la música electrónica. Los magazines culturales se encargan de difundir las últimas tendencias y de publicitar los primeros locales nocturnos también importados de países como Francia y Alemania (Gómez, López, Márquez et al., 2009).

Desde una perspectiva sociológica, estos espacios se han llegado a comparar con el modelo panóptico de Foucault en cuanto a la convivencia y oposición de actores videntes y visibles en un mismo espacio (Borioli, 2007). Esta comparativa pone en relevancia lo sensorial de estos espacios sociales, dedicados a la vista pero también al oído, al tacto y al gusto de sus consumidores. Con estos nuevos espacios sociales se añade una dimensión de los estudios urbanos que advierte la doble concepción del espacio como uso social y como "valor de cambio o producto de consumo" (Lefebvre, 1974 p. 113).

Estas nuevas prácticas sociales se retratan en la película resaltando esa noción de evasión pasiva y consumista que encarnan los protagonistas en una secuencia que tiene como localización un local de ocio nocturno. La acción dramática de esta secuencia se desarrolla sin diálogos en una panorámica que muestra esa dualidad entre la evasión pasiva y la evasión consumista que ofrecen estos locales. En dicha escena, el éxtasis de los jóvenes que bailan y consumen alcohol en la pista de baile contrasta con el estado de obnubilación de los protagonistas, afectados, en este caso, por el consumo de drogas.

Espacios absolutos

El poder emancipador de los espacios rurales

Otra decisión tanto narrativa como formal que resulta poco habitual en el subgénero *quinqui* es la predilección de Saura por extraer a los protagonistas de su contexto urbano y encuadrar sus prácticas sociales en un contexto rural. En una aproximación idílica de la relación fraternal del grupo, las localizaciones rurales actúan como un lienzo en blanco sobre el que se proyectan las actitudes más benevolentes de los jóvenes.

Los viajes a espacios rurales actúan de limbo dentro de los eventos violentos y acelerados de la obra. En el campo tiene lugar la introspección de los dos protagonistas consigo mismos y entre ellos, una mirada hacia dentro que les lleva a sus orígenes y a los de tantas familias de las generaciones de posguerra: los pueblos. Un lugar que produce en el joven protagonista sentimientos contradictorios entre el rechazo de la simplicidad rural y el anhelo de la infancia.

Otra escena todavía más cercana a lo onírico tiene lugar con el viaje a la costa valenciana. Se trata de otra secuencia de pausa en cuanto al hilo narrativo y de reflexión silenciosa para los protagonistas. Una escena fugaz y nocturna, casi abstracta, donde el grupo convive sin las preocupaciones de la urbe.

4.2 Colegas (De la Iglesia, 1982)

> Cuando escribo, siempre asumo como referencia de destino un cine de barrio. Lo que cuento debe llegar al mayor número posible de espectadores.
>
> (De la Iglesia citado en Fuembuena, 2017)

Eloy de la Iglesia comenzó su carrera con historias de cine infantil para la pequeña pantalla antes de dar el salto a la dirección cinematográfica. En sus primeras obras se topó con la censura por tratar temas prácticamente prohibidos en la época como la protitución *Nadie oyó gritar* (De la Iglesia, 1973), la sexualidad explícita en *La semana del asesino* (De la Iglesia, 1972) o la homosexualidad en *Los placeres ocultos* (De la Iglesia, 1977).

Su controvertida carrera tocó techo con las obras de denuncia social que realizó en la década de 1980 enmarcadas dentro del cine quinqui. Por aquel entonces, el director vasco formó un tándem profesional y personal con José Luis Manzano, un joven vallecano que, como muchos otros actores no profesionales, protagonizó sus películas más conocidas. Su estrecha relación con Manzano y con la imparable oleada de drogadicción que asolaba a la sociedad , hizo que el director echase raíces en un clima que se convirtió en el suyo propio, dando lugar a películas autobiográficas encubiertas tanto suyas como de los jóvenes que las protagonizaban (Fuembuena, 2017). A pesar del rechazo que suscitaban los contenidos explícitos sobre violencia, sexo y consumo de drogas en la sociedad de la Transición, películas como *Colegas* agradaron a crítica y público por el peso dramático de sus personajes, llegando a estrenarse en festivales nacionales como el de Valladolid.

Sinopsis: "Esos tíos del cine qué van a saber"
"Pues para mi, todas las pelis que se han hecho de rollos de macarras son una *full de Estambul*. Es que esos tíos del cine qué van a saber. Tú diles que vengan a hablar conmigo, que yo les cuento como va la movida" (*Colegas*, De la Iglesia, 1980).

Los hermanos Antonio (Antonio Flores) y Rosario (Rosario Flores) viven en un bloque de viviendas del barrio de la Concepción. Unos pisos por debajo vive Jose (José Antonio Manzano) el novio de Rosario y, más abajo todavía, la M-30 sirve como límite para los miles de jóvenes que viven entre delincuencia y descampados al Este de Madrid. El repentino embarazo de Rosario hará que los tres colegas se vean inmersos en caminos delictivos para conseguir el dinero de un aborto precario que acabarán rechazando por otro negocio clandestino que le acabará costando la vida a Antonio.

Personajes: las nuevas familias españolas

Richard Sennett advierte que el problema de la creciente crisis de la identidad surge por no tener espacios donde desarrollar por un lado, la experiencia y la exploración identitaria y, por otro, las relaciones personales(Sennett, 2022). De esta circunstancia emanan los comportamientos de los ciudadanos expuestos a la inestabilidad social y económica. Una radicalización de la juventud acompañada de la creación de agrupaciones fraternales externas a la familia, fruto de un proceso de emancipación precoz por el profundo descontento con su realidad social local y personal.

Rosario (Rosario Flores)

El descontento personal y la brecha generacional que se abre entre la población de posguerra y la nueva juventud urbana, provoca un malestar familiar que vemos reflejado de forma más explícita en el personaje femenino de esta historia. Sus expectativas sociales van más allá de las de sus colegas masculinos ya que de ella se espera una prosperidad social ligada a las estructuras patriarcales y conservadoras que se mantenían en la sociedad de la Transición. La castidad, el matrimonio y las dotes de ama de casa pesan sobre el personaje de Rosario hasta que ella misma es la primera en alzar la voz y demandar sus interés en lo que supone un enfrentamiento con sus padres.

Sennet no contempla la dimensión de género en la obra aquí referenciada pero sí habla de un rechazo de las relaciones familiares intensas. Un hecho que también encontramos en los escritos de Simmel de principio de siglo, donde ya vaticinaba que la intensidad del núcleo familiar contradecía las nuevas lógicas relacionales de la gran ciudad, donde existe una interdependencia más moderada y un deseo de emancipación hacia un horizonte urbano y social cada vez más amplio.

Antonio (Antonio Flores)

El hermano de Rosario, dos años mayor que ella, representa un punto clave de las teorías de Sennett respecto del paso de la edad adolescente a la edad adulta:la *preocupación humana por la otredad,* un fenómeno solidario que resulta fundamental en la construcción de una identidad personal según el propio Sennett pero también según las teorías de Anna Freud (1972) o Erikson (1980).

Su preocupación por el bienestar de su hermana pero también de su amigo despierta en él una *valentía* para experimentar nuevas situaciones. Desde la inserción en el mundo laboral hasta la inmersión en el mundo de la delincuencia, Antonio toma la delantera y camina cauteloso por el campo de minas que lo separa de una vida adulta plena. Dicho campo de minas no es otro que las precarias zonas periféricas, donde la espiral de crisis y violencia atrapa a muchos jóvenes que no tienen espacio para su desarrollo social. Una generación que, como canta Antonio, tiene "muchas ganas de salir de aquí".

Jose (José Luis Manzano)

Como ya hemos visto con otros actores del cine de ficción español, muchos de ellos sobrepasaron a sus personajes de la gran pantalla ya sea por lo relevante de su personalidad, por lo repetitivo de sus interpretaciones o por una consecución de ambas. Es el caso del joven Jose Luis Manzano, que se vio inmerso casi por accidente en el cine al conocer a Eloy de la Iglesia en la puerta de un local de ocio en pleno centro de la capital española. El primer personaje que interpretó Jose Luis Manzano fue el de Jaro en *Navajeros* (De La Iglesia, 1980) y, desde entonces, su papel de joven delincuente se repitió en toda la obra del mismo director que, por las condiciones de su contrato y supuestas causas personales, no le dejaba participar en otras producciones (Fuembuena, 2017).

En *Colegas*, Manzano encarna a un personaje más amedrentado que en sus otras interpretaciones, por su condición de personaje secundario. Sin embargo, es precisamente su comportamiento apocado lo que nos recuerda la otra cara del comportamiento que los sociólogos detectaban en las ciudades. Jose es el hastío y la ausencia de motivación que sufren las nuevas generaciones urbanas.

Familia

A pesar de la construcción de estructuras sociales y urbanas cada vez más complejas dentro de las ciudades, existe una *purificación* de la vida social que simplificó las relaciones sociales y aislaba al individuo dentro de unos círculos sociales más reducidos e intensos, como ya vaticinó Georg Simmel a principio de siglo.

Los modelos que se planteaban desde la posguerra abogaban de nuevo por un enraizamiento en comunidades reducidas ya fueran delimitadas por los barrios o por el ámbito familiar. En contraposición, en esas comunidades surgen las asociaciones solidarias con fines comunitarios ya fueran en el ámbito político o meramente como agrupaciones sociales. Unas *fratrias*, según Sennett, que fomentaron la emancipación y el cambio en las estructuras familiares tradicionales, modificando su concepción y sus expectativas (Sennett, 2022).

Espacios históricos

Ciudad Lineal

El distrito madrileño de Ciudad Lineal surge de otra zona rural anexionada a la capital. Sin embargo, la particularidad de Ciudad Lineal es que surge como proyecto del urbanista Arturo Soria en la última década del siglo XIX. Por aquel entonces, esta zona alejada del centro urbano, se proyectó como una transformación del espacio rural a espacio urbano sin perder sus condiciones habitables e introduciendo la línea de transporte que Soria ya había conseguido integrar en otros barrios del norte. El proyecto consistía en dividir la zona siguiendo el eje de una gran avenida de tránsito para los tranvías situando a los lados viviendas unifamiliares con parcelas de terreno incluídas. No obstante, las necesidades urbanísticas de la capital provocaron diversas modificaciones y atrasos en su proyecto, que finalmente solo se ejecutó parcialmente y fue rápidamente sustituido por bloques de viviendas de gran tamaño para acoger a la creciente población.

Estos edificios consiguieron absorber la densidad de población de los años de posguerra gracias al reducido tamaño de sus viviendas, que se extendían verticalmente a los lados de las grandes avenidas proyectadas por Soria y que se convirtieron en otros ejes de transporte: la autopista A-2 y la circunvalación M-30, que flanquean estos barrios y a día de hoy condicionan su expansión. En los diferentes barrios de Ciudad Lineal se encuentran algunos de estos bloques de viviendas conocidos como *colmenas*. Eloy de la Iglesia eligió a conciencia la colmena de la Virgen de Lourdes, una de las más pobladas de la capital y proyectada por el conocido promotor inmobiliario José Banús Masdeu Ubicado en el barrio de San Pascual, este edificio llegó a acoger a 20.000 habitantes, muchos de ellos niños y jóvenes de la generación del *baby boom* (Sánchez, 2012).

Los puentes de la M-30

Previamente, hemos destacado el papel divisor de las nuevas vías interurbanas, especialmente, el de la circunvalación M-30, construida a partir de 1974. Tan solo una década después, la construcción de los conectores de la ciudad provocará, paradójicamente, una brecha entre centro y periferia mayor que nunca. A partir de entonces los puentes que unen la periferia con el centro se convierten en lugar de tránsito para trabajadores y en deseo de libertad para la juventud que huye de su intensa y desequilibrada realidad social.

En *Colegas* esa simbología se hace fehaciente ya que en todas las ocasiones, los puentes aparecen explícitamente representados como cuerda de huida para los protagonistas, sirviendo, además, de transición entre secuencias. En un primer momento, los dos protagonistas cambian de barrio para conseguir dinero robando en un estanco, una práctica común que vemos en otras obras como *Navajeros* (1980, Eloy de la Iglesia), donde los protagonistas cometen delitos en los distritos del centro, lejos de su círculo social y de las brigadas que controlaban los barrios individualmente.

Sin embargo, el momento clave que refuerza el peso simbólico e histórico de estos pasos a nivel llega de cara al desenlace de la obra, cuando, después de una disputa familiar, los tres protagonistas deciden escaparse de sus casas y buscar alojamiento en el vecino barrio de Ventas. Una secuencia de seguimiento, y una larga panorámica hacia el otro lado nos recuerda el gran paso que supone abandonar el barrio para los protagonistas a pesar de estar separados del centro urbano por escasos metros. Al otro lado del puente, la plaza de toros de Las Ventas y los edificios modernos de viviendas y ocio simbolizan, por un lado, la desigualdad entre barrios vecinos y, por otro, el paso a la madurez de los jóvenes.

En construcción

Siguiendo con la preferencia por los lugares transitorios, el director elige un entorno vacuo, en construcción, para ubicar el desenlace del personaje de Antonio. El joven se encuentra con una banda delincuente en el Centro Azca, un complejo financiero proyectado en 1964 y cuyas obras se prolongan hasta 1994. Una zona de enormes dimensiones que pretendía erigir el progreso por encima del skyline madrileño pero que, como ya se muestra en esta obra, supone un alejamiento de las dimensiones humanas que genera espacios intransitables y desérticos (Aunión, 2015).

Son los cimientos de un desarrollo completamente ajeno a la periferia pero que parece estar sufriendo el mismo abandono que las zonas olvidadas del Este y del Sur. Esto nos lleva a la similitud del espacio escogido con los descampados de los barrios periféricos. Antonio sabe moverse por este terreno desnudo pero, al mismo tiempo, este espacio le atrapa y finalmente será aquí donde otro jóven acabe con su vida a punta de pistola. Una analogía de contrastes entre progreso y estancamiento, principios incapaces de empezar, cimientos de una nueva ciudad construida a costa de las zonas marginales desatendidas.

Espacios de reproducción de la fuerza de trabajo

Precariedad laboral

Las bajas cuotas de educación en los barrios periféricos sumadas a la precariedad laboral de un mercado incapaz de absorber a una gran parte de población activa, llevan a unas tasas de desempleo juvenil en máximos históricos (Cabañas, 1986).

La obra comienza con sus protagonistas decidiéndose por ir a una oferta de trabajo en la que resulta haber muchos más candidatos que plazas ofertadas. Es así, con la ausencia de espacios de trabajo, como De la Iglesia retrata el problema de la desocupación entre los jóvenes. Sin especialización solo hay oficios tradicionales como el sector servicios o la construcción, un espacio de trabajo donde los jóvenes son rápidamente rechazados por los altos requerimientos físicos. Por otra parte, muchos jóvenes trabajan en puestos heredados en los bares del barrio, donde la precariedad laboral se acusa de forma directa en el guion.

Espacios de reproducción de las relaciones sociales

Música en el patio

En 1961, Jane Jacobs ya vaticinaba una destrucción de los espacios de relación social como fruto del crecimiento desmedido de las grandes ciudades. Sin un espacio seguro para relacionarse, el *desorden social* del que habla Sennett, incrementa y pasa a afectar a la población más vulnerable.

Paradójicamente, frente a la escasez de espacios comunitarios en los barrios, en la década de 1970 y 1980 se dio un incremento del asociacionismo. Las nuevas generaciones se acostumbraron a adaptar espacios públicos o privados a sus necesidades sociales. Los encuentros festivos reflejan la fraternidad comunitaria el "nosotros nos lo montamos así entre los nuestros". Bajo una vocación de autoorganización limitada a grupos sociales locales, del barrio. Un asociacionismo que, en el caso de los jóvenes, tenía que ver más con el ocio que con el activismo, con la reciprocidad antes de la redistribución (Rodríguez-Villasante, 1986).

En Colegas, la cultura popular aparece como vía de escape para los protagonistas principales. En el caso de Antonio se retrata a un joven artista de la música que, a pesar de su talento, interpreta sus letras en el salón de su casa o para sus vecinos en el patio. La música, como el cine, puede ser un instrumento democratizador muy útil para la transmisión de mensajes de denuncia social. En este caso, el joven cantautor, a quien Eloy de la Iglesia encarga esta canción, aprovecha para manifestar su punto de vista respecto de la temática de la juventud y su deseo de huir lejos de allí.

Espacios absolutos

Los descampados

Al contrario del urbanismo que proponía Le Corbusier décadas atrás, los descampados son los restos, las ruinas de campo que prevalecen entre los bloques de viviendas construidas sobre el campo y no a la inversa. Se trata de un fenómeno habitual y no planificado en la urbanización periférica de algunas ciudades europeas, sin embargo, el arquitecto Frank Lloyd Wright alaba esta disolución de la ciudad y defiende que se trata de una ruralización beneficiosa para los núcleos urbanos, una re-naturalización de las ciudades mediante vacíos (Alarcón, L. y Montero, F., 2018).

En barrios periféricos, incluso en los más cercanos al centro urbano, los jóvenes siguen ocupando estos espacios vacíos como foco de reuniones sociales por ser similares a las plazas y espacios verdes propiamente construidos en las zonas más céntricas. No obstante, la ausencia de construcción urbana influye en los usos sociales que se dan en estos espacios, unas prácticas desordenadas que cumplen el ideal de Lloyd Wright y de Sennett de integrar espacios libres de la tensión y organización de las grandes ciudades (Sennett, 2022).

El descampado, como espacio absoluto y fílmico lleno de significantes, forma parte indispensable del análisis del cine de la Transición, pues representa la resistencia y congregación de las nuevas generaciones al tiempo que denuncia lo descarnado y desordenado de la vida periférica. Una metáfora espacial que se relaciona directamente con el comportamiento y la idiosincrasia de los protagonistas de la Transición (González, B. y Alfeo, J. 2011).

Capítulo 05
El Nuevo Cine español

El cambio de siglo: El Nuevo Cine Español

El reconocimiento internacional del tímido desarrollo económico nacional supuso un importante apoyo para el proceso democratizador tanto del ámbito político como cinematográfico. El proceso de entrada en la Comunidad Europea y el premio *Oscar* otorgado a *Volver a empezar* (Garci, 1982) fueron dos fenómenos independientes pero claves para enmarcar y comprender la época de crecimiento de la Transición. En este periodo España entra a competir en los circuitos internacionales con la desventaja de no contar con una industria sólida tanto de producción como en la exportación y exhibición de las obras. Una situación que, sin embargo, no supuso una diferencia en los mercados internacionales ya que tanto países europeos como los mercados de habla hispana llevaban décadas sufriendo la hegemonía de la industria de Hollywood.

Diez años después,la proyección internacional que consiguió España con las Olimpiadas de Barcelona de 1992 y otro *Oscar* a Mejor Película Extranjera para *Belle Époque* de Fernando Trueba (1992), se vio truncada por la primera gran crisis económica que afectó al país. En la década de los 90, el cine comercial se intentaba abrir paso en los grandes circuitos apoyándose en ayudas europeas y nacionales. Por su parte, los autores del denominado Joven Cine Español optaron por historias que rechazaban los tópicos comerciales y que avanzaban por otros caminos, los de los festivales nacionales y el cine independiente (Caparrós, 2017).

Algunas de las obras hacían referencia al cine *underground* de décadas anteriores, con obras como *Barrio* de Fernando León de Aranoa (1998) o *Historias del Kronen* de Montxo Armendáriz (1995). La inclinación hacia un cine de denuncia social continuó con una tendencia realista despojada del velo de comedia que lo cubría antaño y así lo reflejaron obras del cambio de siglo como *El Bola* (Mañas, 2001) o *Los lunes al sol* (León de Aranoa, 2002). Esa incorporación de generaciones cada vez más alejadas de la dictadura, aportó técnicas e historias renovadas que conectaban mejor con el público contemporáneo. Se trata de una tendencia de cine independiente construida por autores y pequeñas productoras apoyados en numerosas subvenciones culturales como el programa MEDIA Europa Creativa o las ayudas del Instituto de la Cinematografía y de las Artes Audiovisuales (ICAA).

Esa reconexión con el público en un panorama cada vez más al servicio de las lógicas comerciales en el arte cinematográfico, tiene que ver con una tendencia a las historias cotidianas, sociales, de los nuevos cineastas. Voces independientes como Icíar Bollaín o coproducciones de autores como Agustín Villaronga empezaron a colarse en los premios Goya por obras con vocación social como *Y también la lluvia* (Bollaín, 2011) o *Pa Negre* (Villaronga, 2010).

El cine de autor español comenzó, en la década de 2010, a ver un auge que llega hasta el presente. Algunos de estos directores, guionistas y artistas siguieron un camino todavía más arriesgado apostando por obras híbridas o a medio camino entre la ficción, el documental o el video arte. Nombres como José Luis Guerín, Víctor Erice o Albert Serra marcaron esa transición cinematográfica del cambio de siglo. Y, a día de hoy otros autores y autoras se abren paso, recogiendo, a su manera, los hilos de la despeinada historia del cine español. Desde la premiada obra de Carla Simón o Elena López Riera, a los cortometrajes y documentales de León Siminiani o Jonás Trueba, el Joven Cine Español camina hacia el digital, la democratización y la persistencia de lo social como tema preferente.

5.1 *Quién lo impide* (Trueba, 2021)

El director Jonás Trueba pertenece a las nuevas generaciones de cine independiente español que se han multiplicado en las últimas décadas. Realizadores que dan el paso desde las academias de cine o de arte a una industria todavía en construcción y en la que encuentran un hueco gracias a métodos de financiación basados en subvenciones, productoras y coproducciones independientes o nuevos métodos de mecenazgo público.

En el caso de Trueba, este funda su propia productora para la realización de su segunda película, *Los Ilusos* (2013, Trueba).A partir de entonces, sus largometrajes pasan a estar producidos por *Los Ilusos Films S.L.*, lo que le abrió el camino a los circuitos independientes que pasan por múltiples festivales del país. En 2016, estrena su obra *La Reconquista* en la Sección Oficial del Festival de San Sebastián, donde reunirá una buena acogida por parte de la crítica especializada. Su experiencia con actores jóvenes en este film, inspira al director a contar con ellos para su siguiente proyecto no solo como actores sino como coautores (Recio, 2021).

La vocación documental y reflexiva de este proyecto lo alarga en tiempo y forma, con un rodaje que se extiende entre 2016 y 2021 y una duración de 3 horas y media de metraje entre la ficción y las prácticas documentales. A pesar de lo poco habitual de su obra, el director recibió elogios por parte de crítica y público, llegando a recoger el galardón a Mejor Documental en los *Premios Goya* del año 2022.

Sinopsis: "Basado en la canción Quién lo impide y en algunas conversaciones y vivencias de Candela Recio y Pablo Hoyos".

Los créditos iniciales de la obra avisan al espectador de la naturaleza híbrida y compleja de esta obra de ficción y documental. La historia ficticia cuenta las vivencias de un grupo de jóvenes adolescentes a lo largo de unos años en los que experimentan situaciones cotidianas de amistad y amor. Un relato de ficción interrumpido por fragmentos del proceso de documentación y *making of* de la propia película, convirtiéndola en una obra híbrida donde el peso narrativo se reparte equitativamente entre la ficción y la meta-narración documental. Definida por el director como una experiencia de cine inmersivo, la obra se estructura en un collage de vivencias de los actores entre la realidad y la ficción.

Personajes: *Solo somos personajes de ficción*

En la primera secuencia documental de la película se muestra el primer encuentro con los actores principales. Una reunión distendida donde el director apela directamente a una creación libre de estos personajes, explicando que serán roles mayoritariamente improvisados porque lo que le interesa es la visión personal de los propios actores, profesionales y no profesionales.

Candela (Candela Recio)

La protagonista principal y coautora del proyecto es Candela Recio, tanto actriz como personaje, ya que muchas veces su identidad aparece diluida y ella misma ha reconocido que en algunas escenas de ficción no está interpretando un personaje aunque en la mayoría sí sigue las órdenes del director (Recio, 2021).

En cualquier caso, el personaje que se plantea es representativo de una nueva generación de jóvenes que ha nacido y ha crecido en un contexto puramente urbano. Por lo tanto, los conflictos sociales a los que se enfrenta tienen que ver con la organización urbana y comparten sus características de diversidad e intensidad. Lo cual sumado a un mayor nivel educativo genera individuos que desarrollan rápidamente la característica solidaridad y otredad que para Sennett supone el paso a la madurez.

Y es que Candela representa la totalidad de esa *cuarta etapa* que el sociólogo proponía décadas atrás cuando las primeras generaciones urbanas adquirieron esa identidad intensa y acelerada que surge necesariamente del desorden urbano. Una vez aceptada la frustración que supone la inmovilidad de las estructuras sociales, Candela experimenta nuevas situaciones inéditas para ella, ya sea una primera relación romántica o sus primeras fiestas con amigos. Lo fundamental para Sennett es que en todas estas nuevas situaciones, que sirven como acumulación de experiencias, está implicada la relación con la sociedad a pequeña escala.

En uno de esos encuentros sociales, conocemos de forma directa las preocupaciones y anhelos de Candela, que tienen que ver con el activismo social desde la colectividad y el pacifismo. Una militancia moderada propia de la clase media trabajadora asentada en los barrios del primer círculo de la periferia como Puente de Vallecas, Carabanchel o Moratalaz, que presentan un nivel de renta superior al de otros barrios periféricos colindantes (INE, 2021).

Silvio (Silvio Aguilar)

En esa misma secuencia, se nos presenta una realidad paralela propia del contexto urbano contemporáneo. Por primera vez, un personaje extranjero manifiesta su problemática diferenciada. Una dimensión que recogen autores más contemporáneos como Saskia Sassen en sus diferentes obras acerca de las nuevas dimensiones sociales urbanas.

Silvio es un joven originario de Ecuador que, además de compartir esa conciencia colectiva que se genera en la adolescencia, añade su experiencia en cuanto a las "expulsiones sociales contemporáneas", término introducido por Sassen en su obra homónima de 2015. Según explica la autora, se trata de una *brutalidad* no explícita ejercida por las instituciones que genera barreras sociales invisibles que se manifiestan en el incremento de la desigualdad social (Sassen, 2015, p. 42).

Estas experiencias de segregación que se manifiestan en las ciudades en forma de fenómenos como la gentrificación, generan una espiral de discriminación social difícil de superar. En el caso de Silvio, la frustración social es aún mayor y la respuesta personal genera una actitud violenta y desarraigada: "Yo no me siento de ningún sitio [...] me siento agusto con las personas, no en lugares" "Si me voy a una isla desierta yo solo nadie se daría cuenta [...] podría sobrevivir yo solo" (Trueba, 2021).

El riesgo de aislamiento que vaticinaba Simmel en 1903 y denunciaba Sennet cuando se empezaba a detectar en 1970, se convierte en la problemática principal de las ciudades globales. Una tendencia que se manifiesta en otros personajes y secuencias de la obra como la actitud esquiva del personaje de Pablo o la angustia existencial de un joven estudiante al que Trueba filma en una escena ficcionada después de conocer su historia real en una entrevista en el instituto al que acude.

Espacios históricos

Recuperación de espacios culturales

En las ciudades contemporáneas, existe una revitalización de los centros urbanos promovida por obras públicas de conservación y por los intereses comerciales y turísticos de las zonas históricas urbanas. Es el caso de la Filmoteca Española, ubicada en una sala de exhibiciones reformada en 1990. Un espacio restaurado y rescatado por su valor histórico y cultural. Su programación continuada y la accesibilidad de sus servicios promueven el consumo cultural entre jóvenes y mayores. Los protagonistas, a pesar de residir en un barrio periférico, acuden a este y otros espacios culturales y céntricos a lo largo de la obra.

Algo similar sucede con la Avenida de la Gran Vía, que se reactiva como eje comercial y cultural de la capital. Las franquicias internacionales se imponen al pequeño comercio y los grandes teatros acogen representaciones internacionales en un ejercicio de imitación global que busca atraer a consumidores internacionales (Sassen, 1991.

Espacios de reproducción de la fuerza de trabajo

Grupos de intervención y manifestaciones.

La ausencia de representación de espacios de reproducción de la fuerza de trabajo tiene que ver con el aumento del nivel educativo de las nuevas generaciones que, al mismo tiempo supone un pilar fundamental de la obra. Los institutos públicos son la fuente de consulta principal que el director utilizó para la realización de la obra. Un proceso exhaustivo y cercano a la investigación sociológica por el cual el director organizaba encuestas y encuentros con alumnos para retratar la realidad de la mayoría de esos jóvenes en la historia. Así, el autor decidió incluir una recreación de los grupos de apoyo estudiantil que conoció en estas entrevistas. Un espacio de relaciones jerárquicas en los que alumnos y profesores proponen actividades o soluciones a las problemáticas de los centros educativos.

Por lo tanto, los alumnos representados en la obra, no se han insertado todavía en el mercado laboral. Sin embargo, entre ellos aflora una tendencia a la agrupación activista en sindicatos de estudiantes o grupos de intervención internos, también relevantes en la narrativa que se plantea en *Quién lo impide*. Este activismo social se reproduce y se retrata en la manifestación por la derogación de las reválidas y de la ley LOMCE que tuvo lugar en octubre de 2016. Unos hechos reales recogidos en la película y en los que se insertan a los personajes de ficción para resaltar su posicionamiento crítico frente a la sociedad.

Espacios de reproducción de las relaciones sociales

Nuevas formas de interacción social

Por su relevancia sociológica y su actualidad social, numerosos autores han analizado los nuevos fenómenos sociales contemporáneos desde los más controversiales como los botellones, hasta los más recientes como las reuniones virtuales y las redes sociales.

El término coloquial *botellón* hace referencia a una "reunión masiva de jóvenes en espacios abiertos de libre acceso, para beber [...] escuchar música y hablar" (Baigorri y Fernández, 2003). Se trata de un fenómeno urbano que puede llegar a considerarse una problemática social dependiendo de sus dimensiones e intensidad. En las grandes ciudades, las reuniones suelen ser más dispersas y estar localizadas en ubicaciones concretas. En el caso de la ciudad de Madrid, los lugares de reunión suelen ser parques públicos o como el céntrico parque de la Montaña de Príncipe Pío. Aunque también se localiza en algunas plazas de los barrios céntricos más concurridos como la Plaza del 2 de mayo o la Plaza de los Cubos. Estas reuniones sociales rechazan la evasión pasiva del ocio nocturno y, según explican los propios protagonistas, propician el contacto social entre diversas tribus urbanas, que intercambian gustos culturales en un entorno distendido.

Por otro lado, la implementación de la Web 2.0, se dio el paso hacia la concepción de la red como medio de interacción y organización social. A esta nueva dimensión social virtual, se introdujeron y adoptaron mecanismos de la *sociedad analógica* como los relativos a la comunicación, por lo que se convirtió rápidamente en una réplica de las relaciones sociales. Poco después, aparecen las primeras "redes sociales virtuales" (Castells, 2006*)*, un espacio personalizable que ofrece, entre otros, un servicio de contacto y de participación en foros. Estos son individuales pero, según Castells, "el objetivo final es que cada individuo se convierta en miembro de una red social". De igual manera en que la sociedad crea comunidades en las que cada individuo se sienta integrado y participe de la vida social. Este nuevo medio de comunicación social se asienta en la sociedad a partir de la década de los 2000, cuando se crean las primeras redes sociales y otros servicios de mensajería como WhatsApp. A lo largo de la película, los protagonistas se comunican varias veces a través de las redes sociales, unas escenas de diálogos no orales que se introdujeron en el cine al tiempo que aumentaba el número de usuarios. Otro hito en la historia reciente de las relaciones sociales tiene que ver con las reuniones en los diferentes portales de videollamadas. Una modalidad de conversación audiovisual que configura espacios sociales más cercanos a la interacción analógica.

En todos estos espacios virtuales encontramos elementos fundamentales de la sociología como la persistencia de los recuerdos, que Sennett señala como escalón clave hacia la madurez mucho antes de que su conservación fuera tan inmediata como lo es ahora. El desenlace de la película es precisamente una secuencia de recuerdos audiovisuales que enfrenta a los jóvenes actores con el metraje filmado años atrás. El impacto de los recuerdos y su distanciamiento con el presente es todavía mayor cuando tiene lugar en un contexto tan contrario y antisocial como fue el confinamiento de la población durante la pandemia global de la COVID-19.

Espacios absolutos

A raíz de la intensificación de las estructuras sociales y urbanas, el contraste con los espacios naturales es más notable y menos frecuente. Estos espacios conforman una mitología de lo rural en la conciencia de las generaciones urbanas, que experimentan estos espacios como algo desconocido o como parte de las utopías ecologistas contemporáneas (Sassen, 2015).

En la obra de Trueba, el espacio natural es vacuo y primitivo, unas condiciones idealizadas que forman parte de la idea de *sociedad purificada* que surge como oposición a la sociedad urbana a partir de la expansión de las ciudades en 1980 (Sennett, 2022).

Según este mismo autor, existe una preferencia por las estructuras de contactos más sencillas, a pesar de las avanzadas herramientas sociales con las que cuentan las generaciones contemporáneas. Esto se retrata en la película con la consumación del amor romántico en este espacio natural y no en el urbano. De esta forma, los espacios absolutos en el cine contemporáneo adquieren un valor simbólico superlativo de liberación y realización personal, una mitología de la naturaleza habitual en el cine de este y otros autores contemporáneos.

Capítulo 06
Conclusiones

A través de este análisis se ha estudiado el valor del cine como documento histórico, capaz de recrear y presentar al público una serie de elementos ficticios influenciados por el contexto social en el que se produce cada obra.

La división en etapas cronológicas y la selección de teorías sociales concretas y encuadradas en dichas etapas ha permitido estudiar la evolución social y urbana a través de las obras cinematográficas. Asimismo, los resultados de este análisis se pueden pormenorizar atendiendo a las particularidades de cada etapa e incluso de cada categoría analizada.

En una primera etapa, resulta relevante la visión trágica de la vida urbana que plantean Alfonso Paso y Marco Ferreri tanto en sus narraciones como en los elementos sociales que retratan. El conjunto de espacios históricos que se representa tienen que ver con la historia viva de la capital pero al mismo tiempo con una renovación motivada por el final de la Guerra Civil y por el aumento drástico de la población. Esto se traduce en la restauración de espacios que cobran nuevos significados sociales: antiguas bodegas convertidas en salas de baile o grandes avenidas engalanadas como escaparate del desarrollo social. Al mismo tiempo, esto genera incongruencias entre la mayoría de la población del Madrid de 1950. Una nueva masa urbana que por su densidad se desborda en las viviendas del centro y comienza a extenderse por las nuevas periferias urbanas. Esa densidad social genera comportamientos antagónicos entre los habitantes, que se ven superados por unos ritmos sociales intensos que les impiden relacionarse con normalidad. Esta nueva idiosincrasia urbana que choca con un comportamiento acostumbrado a la realidad rural, es precisamente la que detecta el sociólogo Georg Simmel (2005[1903]). Este cambio de comportamiento se convierte en un tema a tratar por teóricos y autores culturales. Con personajes heredados de arquetipos literarios (personajes de la novela ligera o de los dramas teatrales) reinventados como habitantes de las nuevas ciudades, con todas las características que ello conlleva.

En décadas posteriores, esa idiosincrasia urbana polarizada va en aumento al tiempo que avanza la desigualdad social y la celeridad de las lógicas urbanas. En el contexto madrileño, las nuevas generaciones de clase media y/o baja crecía en barrios sin terminar de urbanizar, por lo que su desarrollo social se encontraba especialmente condicionado por su entorno. Bajo esas circunstancias, se produjo un fuerte rechazo a las normas sociales por parte de la juventud, que en ocasiones se desvió hacia prácticas ilegales. Esto dio lugar a toda una mitología urbana en torno a las desviaciones sociales de la juventud que muchos autores retrataron en el cine por su interés, pero bajo una vocación de denuncia de estas situaciones urbanas muy extendidas en todas las grandes ciudades modernas. En estas obras los protagonistas parten de una actitud beligerante que de nuevo se encuadra en las teorías sociales de la época. No obstante, existía un proceso de mitificación propio de las historias de ficción por el que muchos de estos protagonistas se retratan con unas actitudes desmesuradas para la época. Esto se ha detectado en el desenlace trágico de las obras analizadas.

Por su parte, los espacios representados en estas obras cobran una importancia mayor como registro histórico del cambio social. Es el caso de los espacios históricos representados, espacios en transformación o en construcción que sirven como retrato de los procesos de desarrollo social dentro del contexto urbano. No obstante, en las obras de esta etapa destaca el retrato de los espacios de reproducción de las relaciones sociales. La ausencia de un tejido urbano en la periferia afecta directamente a las relaciones sociales, que se muestran inestables y desordenadas por no contar con un espacio para su desarrollo. Es la época de los descampados y los bares de barrio, lugares que no han sido modernizados y que demuestran la precariedad estructural que seguía sufriendo la sociedad española. Cabe destacar también el contraste de estos espacios con las nuevas herramientas sociales que llegan de forma esporádica: las discotecas y las salas recreativas representan esa tendencia a la modernización de la sociedad que evoluciona , como indica Lefebvre, hacia unos nuevos espacios sociales dirigidos al consumo.

Otros espacios cuya mutación resulta destacable en esta etapa son los espacios de reproducción de la fuerza de trabajo. En una primera etapa vemos como la inserción al mercado laboral es más o menos común entre las nuevas generaciones. Sin embargo, a partir de esta segunda etapa, vemos como la precariedad social se impone, avivada por un clima de frustración y desestructuración familiar que crea nuevos grupos de apoyo entre iguales al margen del sistema.

Y así, llegamos al tiempo presente con el bagaje cultural e histórico que destilan las etapas anteriores, tanto en lo sociológico como en lo relativo a la práctica cinematográfica. La obra analizada en esta etapa es una muestra de la nueva mentalidad posmoderna que lleva a cuestionar y a fusionar todo conocimiento. En este contexto, resulta relevante abrir la mirada hacia las representaciones híbridas y meta-cinematográficas que proliferan en la actualidad igual que lo hacía el género de la comedia en la primera etapa. Los nuevos relatos plantean historias y personajes tan diversos como las nuevas hibridaciones de géneros, temáticas y modalidades. La elección de una obra entre ficción y realidad lleva al extremo la vinculación de la obra con su referente, en un relato desdibujado en que se muestra ese proceso donde la realidad impregna la ficción. En la parte ficticia de este largometraje, los personajes vuelven a retratar las conductas y problemáticas más generalizadas entre la sociedad urbana. Con una juventud más asentada en los ensanches urbanos, los protagonistas se relacionan en múltiples espacios que tienden al consumo pero también al activismo social. La preocupación colectiva y las comunidades sociales interconectadas son rasgos a destacar en estos personajes y representan la tendencia social generalizada, según apuntan estudios contemporáneos como los de la socióloga Saskia Sassen (2015) o el autor Manuel Castells (2006).

En esta etapa también concluye el camino paralelo de otro espacio analizado, el espacio absoluto, que, por sus características, se mantiene al margen de la realidad urbana, sin dejar de influir en ésta. Se trata de un espacio en ocasiones cercano a lo abstracto que actúa como proyección de valores y ritmos/ambientes contrarios a los que plantean las estructuras urbanas. Una idealización de los espacios naturales que solo es posible si la comprendemos desde la visión urbana. Desde esta perspectiva, se justifica que su lejanía crezca a medida que lo hacen las ciudades, apareciendo como un espacio más próximo y accesible en las primeras etapas, cuando aún había una gran parte de la sociedad vinculada al ámbito rural. De este modo, a medida que avanza la evolución urbana, empieza a aflorar una representación distante e idealizada de los espacios naturales, convirtiéndose en verdaderos lugares de retiro y reflexión para los personajes, habitualmente ligados a la nostalgia y a los anhelos de cada personaje.

En resumen, este análisis evidencia un proceso aditivo en los fenómenos sociales y culturales, en el que se van superponiendo capas de significado tanto en lo respectivo a la realidad urbana como a las obras cinematográficas, dos realidades que se demuestran interrelacionadas. Un proceso abierto e inacabado que, volviendo al objetivo general y a las primeras hipótesis de partida de la presente investigación, sirve como testimonio de la relevancia de los estudios multidisciplinares acerca de los objetos culturales y, especialmente, del cine, una forma que piensa y que hace pensar, que construye y reconstruye la realidad.

Referencias

Alarcon, L. y Montero-Fernández, F.(2018) La naturaleza en la ciudad: el descampado y la ruina. *RA Revista de Arquitectura*, 20 (pp. 104-117)
https://doi.org/10.15581/014.20.104-117

Alfeo Álvarez, J. C. y González de Garay Domínguez, B (2011)La ciudad periférica. Paisajes urbanos de marginalidad en el cine español de la Transición. *Revista de Comunicación y nuevas tecnologías*, 8.

Andrino, B., Llaneras, K y Grasso, D.(30 de abril de 2021) *El mapa de la renta de los españoles, calle a calle. El País.*

https://elpais.com/economia/2021-04-29/el-mapa-de-la-renta-de-los-espanoles-calle-a-calle.html

Aunión, J. (18 de junio de 2015)*La tortuosa historia de Azca.* El País.

https://elpais.com/elpais/2015/06/18/fotorrelato/1434624737_034620.html

Baigorri, A. y Fernández, R. (2003) *Botellón un conflicto posmoderno.* Icaria. Barcelona.

Bettin, G. (1968) *Los sociólogos de la ciudad. GG.* Barcelona.

BOE. (8 de marzo de 1963). *Orden de 9 de febrero de 1963 por la que se aprueban las Normas de censura cinematográfica,* 58, p. 3929. Recuperado de https://www.boe.es/diario_boe/txt.php?id=-BOE-A-1963-7006

Borioli, G. (2007) Foucault en la discoteca. Consideraciones en torno a los regímenes de visibilidad en algunas prácticas adolescentes. En Barrón M. (comp.) *Violencia.*(pp. 105- 116) Editorial Brujas.

Borja, J. y Castells M. (2004) *Local y global. La gestión de las ciudades en la era de la información.* Taurus. Barcelona.

Burch, Noel (1970) *Praxis del cine* (novena edición). Fundamentos. Madrid.

Cabañas, N. (1986) Periferias. *ALFOZ Madrid. Territorio, economía y sociedad* , 29, 49-53.

Camarero Gómez, M. (2013) Nuevas reinterpretaciones cinematográficas de Madrid. En Camarero Gómez, M. (ed.) *Ciudades europeas en el cine* (pp. 137 - 152). Akal. Madrid.

Cañizares Fernández, E. (2002) *El lenguaje del cine: Semiología del discurso fílmico.* [Tesis doctoral, Universidad Complutense de Madrid] Repositorio Institucional de la UCM.

Caparrós Lera, J. (2017) *El cine español durante el Gobierno de Zapatero* (2004-2011). Biblioteca Nueva.

Casetti, F. y Di Chio, F (1990). *Cómo analizar un film.* Paidós. Barcelona.

Castelló Segarra, J. (2018) Cine quinqui. La pobreza como espectáculo de masas. *FilmHistoria Online*, 28, (pp. 113-128)

Castells, M. (2006) *La sociedad red: una visión global.* Alianza.

Cercas, J. (25 de junio de 2013) Entrevistado por Garrido, C. "No he querido revivir el mito del quinqui, he querido desmontarlo". *Revista de Letras.*

Deltell, L. (2006) *Madrid en el cine de la década de los cincuenta.* Ayuntamiento de Madrid – Fundación Caja Madrid.

Erikson, E. (1980). *Identidad. Juventud y crisis.*Taurus Madrid.

Fernández, R. (2017) *Arquitectura del espejismo: Ensayos sobre la ciudad mediática y el fin de lo público.* Recolectores Urbanos. Málaga.

Ferreri, M. (Director). (1958) *El pisito.* Eduardo Manzanos Brochero; Alberto Soifer.

Fuembuena, E. (2017) *Lejos de aquí.* Uno. Albacete.

García Blanco, Javier (2015). Ciudad Lineal: El Sueño de Arturo Soria. *Historia de Iberia Vieja.* Planeta.

Gómez, B., López, D. y Márquez, L. (27 de noviembre de 2009)Historia de la discoteca. *Close city, learning from the urban in detail.*

Goethe, J.W. (2002) [1808]. *Fausto.* Espasa.

Grávalos Lacambra, I. (2020) *La crisis de la modernidad y su repercusión en el espacio publico desde una perspectiva cinematográfica (1964 - 1978)* [Tesis doctoral, Universidad de Zaragoza]. Repositorio de la Universidad de Zaragoza . https://zaguan.unizar.es/record/89550

Grijalba de la Calle, N. (2016) La imagen de Madrid en el cine español. [Tesis doctoral, Universidad Complutense de Madrid]. Repositorio Institucional de la UCM

Gubern, R. (2006) *Patologías de la imagen.* Anagrama. Barcelona.

Gubern, R. (2016) *Historia del cine.* Anagrama. Barcelona.

Gubern, R., Perez, J., Riumbau, E. et al. (2009) *Historia del cine español.* Cátedra. Madrid.

Huertas Martín, V. (2020) There's a Space For Us': Place and Space in Screen Versions of Romeo and Juliet in the Spanish 1960s: West Side Story (R. Wise and J. Robbins, 1961), Los Tarantos (F. Rovira-Beleta, 1963) and No Somos ni Romeo ni Julieta (A. Paso, 1969). *Shakespeare en Devenir, 15 https://shakespeare.edel.univ-poitiers.fr/index.php?id=2532*

De la Iglesia, E. (Director). (1980)*Navajeros.* Fígaro Films.

De la Iglesia, E. (Director). (1982) *Colegas.* Ópalo Films.

Imbert, G. (2010) *Cine e imaginarios sociales.* Cátedra. Madrid.

Imbert, G. (2015). Cine quinqui e imaginarios sociales. *Área Abierta*, 15(3), 57-67. https://doi.org/10.5209/rev_ARAB.2015.v15.n3.48937

Jacobs, J. (2011), *Muerte y vida de las grandes ciudades.* Capitán Swing. Madrid.

Koolhaas, R. (2021) *Estudios sobre (lo que en su día se llamó) la ciudad.* GG. Barcelona.

Labrador Méndez, G. (2020) El mito quinqui. Memoria y represión de las culturas juveniles en la Transición postfranquista. *Kamchatka Revista de análisis cultural*, 16 (pp. 4-53) http://ojs.uv.es/index.php/kamchatka .

Lefebvre, H. (1969) *El derecho a la ciudad.* Edicions 62. Barcelona.

Lefebvre, H. (1974) *La producción del espacio.* Capitán Swing. Madrid.

Leguina, J. (1988) La Madrid del futuro. *ALFOZ Madrid. Territorio, economía y sociedad*, 50, 10-14.

de la Loma, J.A. (Director). (1977) *Perros callejeros.* Films Zodiaco.

López Sancho, L. (12 de octubre de 1968) No somos ni Romeo ni Julieta de Paso, en el Beatriz. *ABC.*

Lyotard, JF. (2006) *La condición postmoderna.* Cátedra. Madrid.

Martínez G. (2012) *CT o la Cultura de la Transición.* Debolsillo. Madrid.

Metz, C.(2001) *El significante imaginario.* Paidós. Barcelona.

Mitry, J. (1978) *Estética y psicología del cine I: Las estructuras*. Siglo XXI. Madrid.

Mumford, L. (2018) *La cultura de las ciudades.* Pepitas de calabaza. Logroño.

Ortiz Delgado, J. (6 de Noviembre de 2008) Geografía e historia urbana. *Madrid 2008-09 Historia de la Arquitectura ETSAC. http://madrid2008-09.blogspot.com/2008/11/apuntes-martes-28-de-octubre.html*

Ortiz Delgado, J. (10 de marzo de 2009) La alternativa a la ciudad del XIX: la Ciudad Lineal. *Madrid 2008-09 Historia de la Arquitectura ETSAC.* http://madrid2008-09.blogspot.com/

Ortiz Delgado, J. (15 de abril de 2009) Madrid Contemporáneo: Planeamiento Urbanístico. *Madrid 2008-09 Historia de la Arquitectura ETSAC. http://madrid2008-09.blogspot.com/2009/04/apuntes-martes-24-de-marzo.html*

Paso, A. (10 de octubre de 1968) *Entrevistado por Ángel Laborda. ABC.*

Paso, A. (Director). (1969) *No somos ni Romeo ni Julieta.* Exclusivas Floralva Producción.

Payá Beltrán, J., 2015 *Alfonso Paso y el teatro español durante el franquismo* [Tesis doctoral, Universidad de Alicante]. Repositorio Institucional de la Universidad de Alicante. http://hdl.handle.net/10045/52050

Pérez, A.y González, L.(29 de junio de 2014) *El lado menos glamuroso de Azca.* El País. https://elpais.com/ccaa/2014/06/29/madrid/1404067617_442106.html

Recio, C. (21 de octubre de 2021) Entrevistada en 242 Películas https://youtu.be/WJyg90PikUo

Rodrigo Echalecu, A. (2009) *Las bibliotecas públicas durante el primer franquismo: entre la continuidad y la ruptura.* [Trabajo Fin de Máster, Universidad Complutense de Madrid] Repositorio Institucional de la UCM. https://eprints.ucm.es/id/eprint/10351/1/bibliotecaspublicas.pdf

Rodríguez-Villasante, T. Redes comunitarias y nuevas cosmologías. *ALFOZ Madrid. Territorio, economía y sociedad*, 29, 21-28.

Sánchez Albornoz, N. (2012). *Cárceles y exilios.* Anagrama. Barcelona.

Sassen, S. (1991) *The global city.* Princeton University Press. Princeton.

Sassen, S. (2015) *Expulsiones. Brutalidad y complejidad en la economía global.* Katz. Buenos Aires.

Saura, C. (Director). (1981) *Deprisa, deprisa.* Elías Querejeta.

Sennett, R.(2022) *Los usos del desorden.* Alianza.

Simmel, G. 2005[1903] La metrópolis y la vida mental. *Bifurcaciones: revista de estudios culturales urbanos (4)*.

Sorlin, P. (1985) *Sociología del cine.* Fondo de Cultura Económica.

Trueba, J. (Director). (2021) *Quien lo impide.* Los Ilusos Films.

UPMD Universidad Popular Miguel Delibes. *El cine español durante la Transición* (12 de diciembre de 2018)

Villasante, T. (1986) Redes comunitarias y nuevas cosmologías. *ALFOZ Madrid. Territorio, economía y sociedad* , 29, 21-28.

Wenders, W. (2005) *El acto de ver: textos y conversaciones.* Paidós. Barcelona

Willem, L. (2008) From the Streets to the Screen: The Music of Madrid in Saura's Deprisa, Deprisa, *Letras Peninsulares* 21.1 (pp. 7-17).

Zunzunegui, S. (2018) *Historias de España. De qué hablamos cuando hablamos de cine español.* Shangrila. Santander.

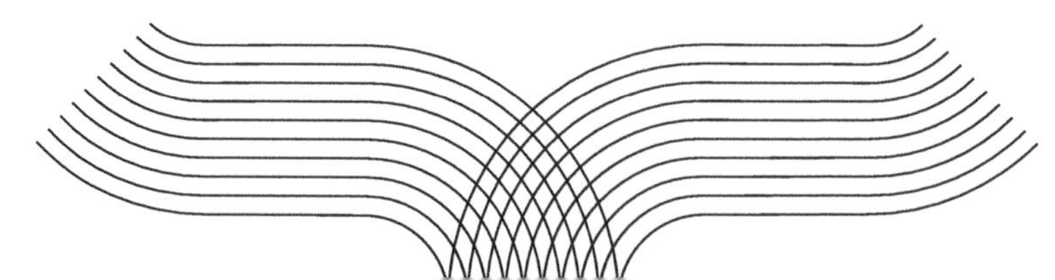